INGLÉS
en 10 minutos al día®

por Kristine Kershul, M.A., Universidad de California, Santa Bárbara

Consultants: Mónica Arce   Carlos Marcelín
               Suzanne Lowry   Freddy O. Vilches

D0907556

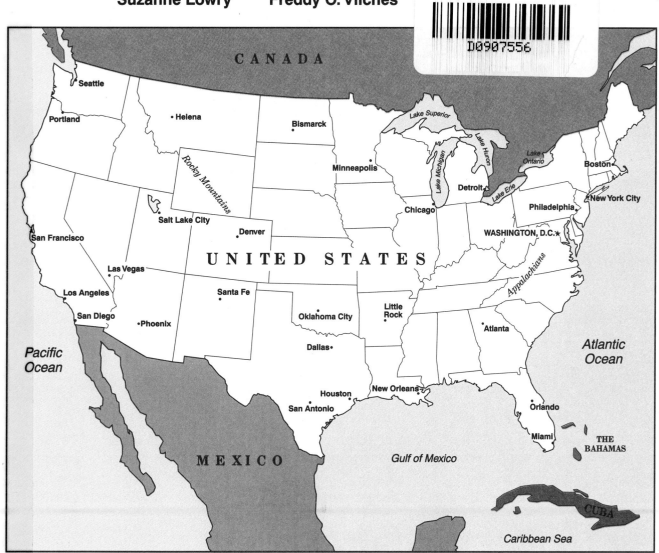

Bilingual Books, Inc.
**1719 West Nickerson Street, Seattle, WA 98119
Tel: (206) 284-4211 Fax: (206) 284-3660
www.bilingualbooks.org • www.10minutesaday.com**

Fourth printing, February 2001

¿Puede usted decir esto?

(uat) *(Iz)* *(deat)*
What is that?
qué   es   eso

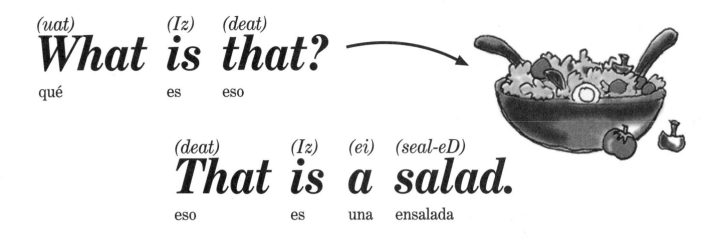

(deat) *(Iz)* *(ei)* *(seal-eD)*
That is a salad.
eso   es   una   ensalada

(ai) *(wuD)* *(laik)* *(deat)*
I would like that.
yo   quisiera   eso

Si usted puede decir esto, usted puede aprender inglés. Usted podrá fácilmente ordenar cerveza americana o inglesa, bocadillos, almuerzo o cualquier otra cosa que usted desee. Usted simplemente pregunte, **"What is that?"** *(uat)(Iz)(deat)* y después de que usted aprenda qué es eso, usted puede ordernarlo con **"I would like that"** *(ai)(wuD)(laik)(deat)*. Suena fácil ¿no es cierto?

El propósito de este libro es darle la facilidad **inmediata** de hablar en inglés. No hay frases que tiene que memorizar, y no contiene explicaciones gramaticales. En lugar de esto, hay palabras prácticas que usted necesitará saber para poder hacer preguntas y obtener respuestas.

Si usted está planeando un viaje o va a vivir en un lugar donde se habla inglés (Gran Bretaña, Canadá, Australia, Los Estados Unidos de América, y muchos otros países), usted estará muy adelantado si toma sólo unos pocos minutos al día para aprender las palabras claves que ofrece este libro. Comience con el primer capítulo y no se salte ninguno. Cada día estudie lo más que usted cómodamente pueda en esos diez minutos. No lo haga en exceso. Algunos días usted querrá pasar los diez minutos revisando lo que ha aprendido. Si se olvida de una palabra, puede usted buscarla en el glosario. En sus diez primeros minutos estudie el mapa en la página previa. Y sí, diviértase aprendiendo su nuevo idioma.

A medida que avance a través de los capítulos, use siempre las características especiales que sólo esta serie le ofrece. Tiene autoadhesivos y fichas para memorizar, palabras gratis, crucigramas y exámenes. Cuando haya completado el libro, corte la guía de menú y llévela consigo en su viaje. No se olvide de su Compañero de Bolsillo™ que está diseñado para que lo acompañe dondequiera que vaya en sus viajes y le dé ayuda esencial en caso que usted, en algún momento, se olvide de alguna palabra.

(di) The Alphabet
(eal-fa-bet)

el   alfabeto

Encima de todas las palabras nuevas hay una guía de pronunciación fácil. Repase esta guía cada vez que necesite ayuda, pero recuerde, no lo haga por más de 10 minutos al día.

Muchas letras en inglés suenan igual que en español, pero otras se pronuncian diferente. En inglés, cada vocal puede ser pronunciada de diferentes maneras. Trate de pronunciar las vocales correctamente, estudie la pronunciación que se encuentra arriba de cada palabra en el libro.

Para aprender los sonidos en inglés de las siguientes letras, escriba cada ejemplo en el espacio provisto.

Letra en inglés	Sonido en español	Ejemplos (geográficos)	Ejemplos (nombres)
(varias) **a**	a	*(bal-tI-mor)* Baltimore _____	*(art)* Art _____
	ea	*(eat-lean-ta)* Atlanta _____	*(ean-a)* Anna _____
	ei	*(salt) (leik) (sI-ti)* Salt Lake City _____	*(teit)* Tate _____
	e	*(eap-pe-lei-chenz)* Appalachians _____ Montes Apalaches	*(mer-i)* Mary _____
b	b	*(bas-tan)* Boston _____	*(barb)* Barb _____
(varias) **c**	k	*(kean-a-Da)* Canada _____	*(kea-di)* Cathy _____
	s/sh	*(pa-sI-fIk) (o-shen)* Pacific Ocean _____	*(sIn-Di)* Cindy _____
ch	ch/sh	*(shI-ka-go)* Chicago _____	*(charls)* Charles _____
d	*(como en día)* D	*(Den-ver)* Denver _____	*(Dean)* Dan _____
(varias) **e**	e	*(Del-a-uer)* Delaware _____	*(em-a)* Emma _____
	i	*(kliv-leanD)* Cleveland _____	*(iv)* Eve _____
ew	u	*(nu) (mek-sI-ko)* New Mexico _____	*(ean-Dru)* Andrew _____
f	f	*(flor-I-Da)* Florida _____	*(freD)* Fred _____
g	*(como en grande)* g	*(greanD) (rea-pIDs)* Grand Rapids _____	*(greg)* Greg _____
h	*(como en jabón)* j	*(nu) (jeamp-shIr)* New Hampshire _____	*(jer-I)* Harry _____
(varias) **i**	*(sonido muy corto)* I	*(bIz-mark)* Bismark _____	*(kIm)* Kim _____
	i	*(In-Di-ean-a)* Indiana _____	*(ri-ta)* Rita _____
	ai	*(mai-ea-mi)* Miami _____	*(maik)* Mike _____

Letra	Sonido	Ejemplos - geográficos	Ejemplos - nombres
j	J *(como en jeep)*	*(nu)* *(Jer-zi)* New Jersey _____	*(Jen-I-fer)* Jennifer _____
k	k	*(ki)* *(uest)* Key West _____	*(ker-In)* Karen _____
l	l	*(lIt-ol)* *(rak)* Little Rock _____	*(lIn-Da)* Linda _____
m	m	*(man-tean-a)* Montana _____	*(mark)* Mark _____
n	n	*(nord)* *(ker-o-lai-na)* North Carolina _____	*(nean-si)* Nancy _____
(varias) o	o	*(o-hai-o)* Ohio _____	*(jo-sef)* Joseph _____
	a	*(ka-la-rea-Do)* Colorado _____	*(ra-bert)* Robert _____
p	p	*(port-leanD)* Portland _____	*(peam)* Pam _____
q	ku	*(kuIn-si)* Quincy _____	*(kuin)* *(I-lI-za-bed)* Queen Elizabeth _____
r	r *(no se entona mucho)*	*(ri-no)* Reno _____	*(ran)* Ron _____
s	s/z	*(si-eat-ol)* *(kean-zIs)* Seattle, Kansas _____	*(seam)* Sam _____
sh	shhh!!! *(cuando se le pide silencio a alguien)*	*(neash-vIl)* Nashville _____	*(shi-la)* Sheila _____
t	t	*(to-ran-to)* Toronto _____	*(tam)* Tom _____
th	d *(como en cada)*	*(da-lud)* Duluth _____	*(rud)* Ruth _____
(varias) u	yu/iu	*(yu-tah)* Utah _____	*(Jiu-di)* Judy _____
	a	*(ken-tak-i)* Kentucky _____	*(ra-sel)* Russell _____
v	v*	*(ver-mant)* Vermont _____	*(vIn-sent)* Vincent _____
w	w/u	*(wash-Ing-tan)* Washington _____	*(uil-llem)* William _____
x	ks	*(tek-ses)* Texas _____	*(reks)* Rex _____
y	y	*(nu)* *(york)* New York _____	*(yo-lan-Da)* Yolanda _____
z	z *(como la "s" en mismo)*	*(er-I-zo-na)* Arizona _____	*(zak-a-ri)* Zachary _____

* Notas: por la letra "v" diga la letra "b" son su labio inferior y sus dientes superiores juntos.

A estas alturas ya debería tener una buena idea de los sonidos en inglés. Recuerde que muchas letras pueden cambiar su pronunciación. ¡No se preocupe! No le dedique mucho tiempo ya que aprenderá estas variaciones a medida que progrese a través del libro.

En algunas ocasiones la fonética parece contradecir la guía de pronunciación. ¡No tenga pánico! Se han escogido la mejores y más fáciles formas fonéticas para cada palabra. Pronuncie la fonética tal como la vea. No las analice demasiado. Hable con acento estadounidense y sobre todo ¡páselo bien!

Cuando llegue a los **United** *(yu-nai-tID)* **States,** *(steits)* **England** *(Ing-lenD)* o **Australia,** *(a-streil-lla)* lo primero que usted hará es
Estados Unidos   Inglaterra   Australia

hacer preguntas — "¿Dónde está la estación de tren?" "¿Dónde puedo cambiar dinero?" "¿Dónde

(**where**) *(uer)* están los servicios?" " **Where** *(uer)* está el restaurante?" "**Where** *(uer)* hay un buen hotel?"
                                           dónde

"**Where** está mi equipaje?" — y la lista seguirá y seguirá durante toda su visita. En inglés, hay

OCHO PREGUNTAS CLAVES que tiene que aprender. Estas ocho preguntas claves le ayudarán a

saber exactamente qué es lo que usted está pidiendo en un restaurante antes de pedir — y no después,

así no se llevará la sorpresa de su vida. Observe que cinco de las preguntas interrogativas empiezan

con "wh." Dedique algunos minutos para estudiar y decir las ocho preguntas básicas enumeradas

abajo. Después cubra las palabras en inglés con su mano y complete las líneas en blanco con las

words *(uorDz)* correspondientes en inglés.
palabras

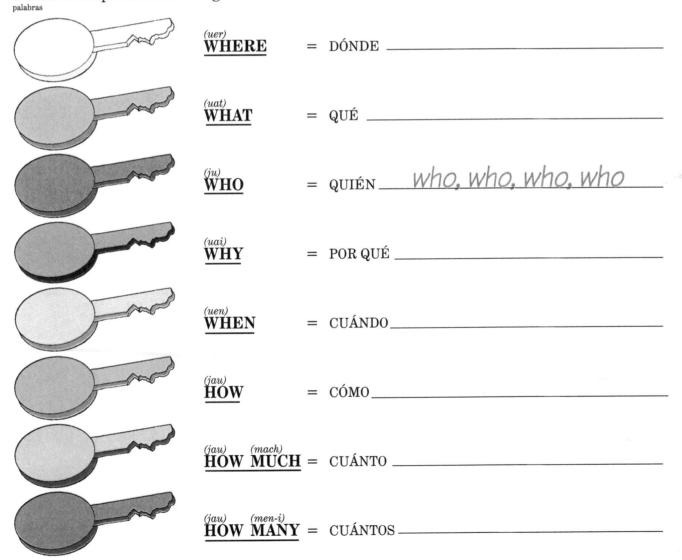

(uer)
WHERE   = DÓNDE _____

(uat)
WHAT   = QUÉ _____

(ju)
WHO   = QUIÉN ___*who, who, who, who*___

(uai)
WHY   = POR QUÉ _____

(uen)
WHEN   = CUÁNDO_____

(jau)
HOW   = CÓMO_____

(jau) *(mach)*
HOW MUCH   = CUÁNTO _____

(jau) *(men-i)*
HOW MANY   = CUÁNTOS _____

Ahora interróguese usted mismo y vea si puede acordarse de estas **words.** *(uorDz)* / words. Trace líneas entre las palabras correspondientes en inglés **and** *(eanD)* / y en español.

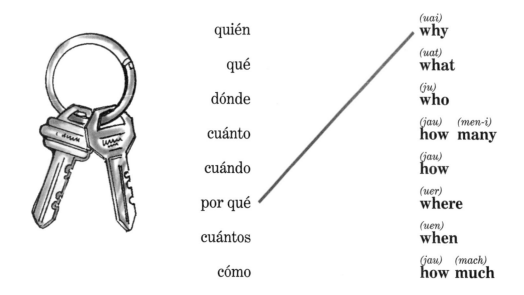

quién		**why** *(uai)*
qué		**what** *(uat)*
dónde		**who** *(ju)*
cuánto		**how many** *(jau)* *(men-i)*
cuándo		**how** *(jau)*
por qué		**where** *(uer)*
cuántos		**when** *(uen)*
cómo		**how much** *(jau)* *(mach)*

Mire las preguntas siguientes que contienen estas **words.** *(uorDz)* Practique las oraciones en voz alta y después vea cuánto ha aprendido completando las líneas en blanco abajo.

What is that? *(uat) (Iz) (deat)*
¿Qué es ése?

_____

How is the salad? *(jau) (Iz) (di) (seal-eD)*
¿Cómo está la ensalada?

_____

Who is that? *(ju) (Iz) (deat)*
¿Quién es ése?

_____

When is it? *(uen) (Iz)(It)*
¿Cuándo es?

When is it?
_____

How much does that cost? *(jau) (mach) (Daz) (deat) (kast)*
¿Cuánto cuesta eso?

_____

How are you? *(jau) (ar) (yu)*
¿Cómo está usted?

_____

"Where" *(uer)* será la **word** *(uorD)* / pregunta que usará más frecuentemente. **Say** *(sei)* / diga cada una de las oraciones siguientes en inglés en voz alta. Después escriba cada oración sin mirar el **example.** *(Ig-zeam-pol)* / ejemplo Si no puede hacerlo la primera vez, no se dé por vencido. Simplemente practique cada oración hasta que pueda escribirla fácilmente. No se olvide que en inglés la letra **"j"** es pronunciada como la letra "j" en **"jeep."** *(Jip)*

6

(uer) (ar) (di) (rest-rumz)
Where are the restrooms?
los servicios

(uer) (Iz) (teak-si)
Where is a taxi?

(uer) (Iz) (bas)
Where is a bus?
autobús

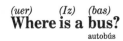
Where is a bus?

(uer) (res-ta-rant)
Where is a restaurant?
restaurante

(beank)
Where is a bank?
banco

(jo-tel)
Where is a hotel?

(yes) *(uorDz)* *(Ing-lIsh)* *(Iz)*
Yes, muchas de las **words** que se parecen al español son también **English.** Su estudio **is** más
sí inglés

(spean-Ish) *(Ing-lIsh)*
fácil por lo que hay muchas palabras en común entre el **Spanish** y el **English.** Le asombrará el
español ingles

(uorDz) *(ai-Den-ti-kol)*
número de **words** que son **identical** (o casi **identical).** Por supuesto, ellas no suenan siempre
idénticas

igual cuando son pronunciadas por un norteamericano, pero la semejanza seguramente le

sorprenderá. Abajo hay cinco **words** enumeradas que empiezan con "a" para ayudarle a empezar.

(eanD) *(Ing-lIsh)*
Trate de decir cada **word** en voz alta **and** luego escriba la **word** en **English** en la línea en blanco
y

a la derecha.

☐ **accident** *(eak-se-Dent)* .... el accidente _____
☑ **active** *(eak-tIv)* .... activo _____
☐ **agriculture** *(eag-rI-kol-chur)*............. la agricultura **a** _____
☐ **algebra** *(eal-Je-bra)* .... el álgebra _____
☐ **ambulance** *(eam-biu-lens)* .... la ambulancia _____

(uorDz)
Words fáciles como éstas aquí arriba aparecerán al pie de las páginas siguientes en una franja

amarilla. Son fáciles — ¡disfrútelas!

En **English** *(Ing-lIsh)* hay solamente una **word** *(uorD)* para "el," "la," "los" **and** *(eanD)* y "las:" **the** *(di)*

the *(di)* **boy** *(boi)* _____
el   muchacho

the boys *(di) (boiz)* _____
los   muchachos

the girl *(gerl)* _____
la   muchacha

the girls *(gerlz)* _____
los   muchachas

the friend *(frenD)* _____
el   amigo

the friends *(frenDz)* _____
los   amigos

Estas palabras significan "un" o "una:" **a,** *(ei)* **an** *(ean)*

Esta palabra significa "unos" o "unas:" **some** *(sam)*

an American *(ean) (a-mer-a-ken)* _____
un   americano

some Americans *(sam) (a-mer-a-kenz)* _____
unos   americanos

a woman *(ei) (wum-an)* _____
una   mujer

some women *(wIm-en)* _____
unas   mujeres

a man *(mean)*   *a man, a man*
un   hombre

some men *(men)* _____
unos   hombres

a lemon *(lem-en)* _____
un   limón

some lemons *(lem-enz)* _____
unos   limones

En **English** *(Ing-lIsh)* no hay muchas **words** para "el," "la," "los," "las," "un," "una," "unos" y "unas" por lo

cual es más fácil. Simplemente recuerde **the,** *(di)* **a,** *(ei)* **an** *(ean)* y **some.** *(sam)*

En el segundo capítulo le presentamos las Preguntas Claves. Estas ocho palabras son la base, más escencial para aprender inglés. A través de este libro se encontrará con ejercicios donde debe completar con la pregunta apropiada. Utilice cada oportunidad, no sólo para completar el ejercicio, sino que también para repasar todas las preguntas claves. Juegue con los nuevos sonidos, dígalos lentamente ¡y diviértase!

❏ **America** *(a-mer-a-ka)*	la América	_____
❏ **animal** *(ean-a-mal)*	el animal	_____
❏ **appetite** *(eap-a-tait)*	el apetito	_____
❏ **application** *(eap-lI-kei-shen)*	la aplicación	**a** _____
❏ **April** *(ei-prIl)*	abril	_____

8

Antes de seguir adelante **with** *(uid)* / con este capítulo, siéntese cómodamente en su sala. Ahora mire alrededor de sí mismo. ¿Puede nombrar las cosas que ve en el **room** *(rum)* / cuarto **in** *(In)* / en **English?** *(Eng-lIsh)* Puede adivinar **sofa** *(so-fa)*. Pero aprendamos el resto de **the words** *(di)*. Después de practicar estas **words** en voz alta, escríbalas en las líneas en blanco abajo.

the lamp *(leamp)* / la lámpara _____

the sofa *(so-fa)* / el sofá _____

the chair *(cher)* / la silla _____

the carpet *(kar-pet)* / la alfombra _____

the table *(tei-bol)* / la mesa _____

the door *(Dor)* / la puerta *the door, the door*

the clock *(klak)* / el reloj _____

the curtain *(kur-tIn)* / la cortina _____

the telephone *(tel-e-fon)* / el teléfono _____

the window *(di)* *(uIn-Do)* / la ventana _____

the picture *(di)* *(pIk-chur)* / el cuadro

_____

Ahora abra su libro a la página 17 y la página 35 **with** *(uid)* / con los autoadhesivos. Saque los primeros 14 **and** *(eanD)* pongalos en los objetos alrededor del **room** *(rum)* / cuarto. Esto le ayudará a recordar estas **words** *(uorDz)* fácilmente. No se olvide de decir **the word** *(di)* / la al pegar el autoadhesivo en el objeto correspondiente.

Ahora pregúntese, **"Where is the picture?"** *(uer)* *(di)* *(pIk-chur)* / el cuadro **and** señale cuando responda, **"There is the picture."** *(der)* / allí Continúe con la **list** *(lIst)* / lista hasta que se sienta cómodo con estas **words** nuevas. Cuando pueda identificar todos los objetos en **the list** *(lIst)* / lista estará listo para seguir adelante.

☐ **arch** *(arch)* .... el arco _____
☐ **artist** *(ar-tIst)* .... el artista _____
☐ **attention** *(a-ten-shen)* .... la atención   **a** _____
☐ **August** *(a-gest)* .... agosto _____
☐ **automobile** *(a-to-mo-bil)* .... el automóvil _____

(di) *(jaus)*
the house
la   casa

(jIr)
Here is the house.
aquí

(af-Is)
the office
oficina

(bead-rum)
the bathroom
cuarto de baño

(kIt-chen)
the kitchen
cocina

(beD-rum)
the bedroom
dormitorio

(Dain-Ing) (rum)
the dining room
comedor

(lIv-Ing) (rum)
the living room
sala

(ga-raJ)
the garage
garaje

(beis-ment)
the basement
sótano

Mientras aprendemos estas **words** nuevas, tratemos de no olvidar:

(a-to-mo-bil) *(kar)*
the automobile/car
automóvil   carro/coche

(mo-tor-sai-kol)
the motorcycle

(bai-sa-kol)
the bicycle
bicicleta

_____   _____

☐ **balcony** *(beal-ka-ni)* . . . . el balcón
☐ **bank** *(beank)* . . . . el banco
☐ **beefsteak** *(bif-steik)* . . . . el bistec
☐ **bland** *(bleanD)* . . . . blando
☐ **bottle** *(ba-tol)* . . . . la botella

b

_____
_____
_____
_____

10

(keat)
the cat
gato

(gar-Den)
the garden
jardín

(flau-erz)
the flowers
flores

———————

(Dag)
the dog
perro

(meil-baks)
the mailbox
buzón

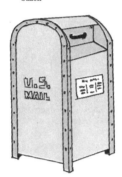

(meil)
the mail
correo

———————

Saque el **group** *(grup)* siguiente de autoadhesivos **and** camine alrededor de su **house** *(jaus)* aprendiendo
grupo   casa

estas **words** nuevas. Será difícil pegar el autoadhesivo a su **dog,** *(Dag)* **cat** *(keat)* **or** *(or)* **flowers,** *(flau-erz)* pero use su

imagination. *(I-meaJ-a-nei-shen)* Practique preguntándose, "**Where is the car?**" *(uer)* *(kar)* y conteste, "**There is the car.**" *(der)* *(kar)*
imaginación   el   automóvil

"Where is the house?"

☐ **calendar** *(keal-en-Der)*	el calendario	_____
☐ **calm** *(kalm)*	la calma	_____
☐ **candle** *(kean-Dol)*	la vela	**c** _____
☐ **capital** *(keap-e-tol)*	la capital	_____
☐ **cent** *(sent)*	el centavo	_____

One, Two, Three
(uan) *(tu)* *(dri)*

uno dos tres

Los números no son muy difíciles de aprender, y recuerde lo importante que son en una

(kan-ver-sei-shen)
conversation diaria. ¿Cómo podría decir su número de teléfono, su dirección o el número del
conversación

cuarto de su hotel, si no hubiese números? Y piense lo difícil que sería no poder entender la

(bas)
hora, el precio de una manzana o el **bus** correcto para tomar. Cuando practique los **numbers,**
autobús *(nam-berz)*
                                                                                                números

(not) *(sIm-a-ler-a-tiz)* *(sIks)* *(sIks-tin)* *(se-ven)* *(se-ven-tin)*
note the similarities entre **six** y **sixteen,** **seven** y **seventeen and** los demás.
observe similitudes seis dieciséis siete

0	*(zIr-o)* **zero**	_____	10	*(ten)* **ten**	_____
1	*(uan)* **one**	_____	11	*(I-lev-en)* **eleven**	_____
2	*(tu)* **two**	_____	12	*(twelv)* **twelve**	_____
3	*(dri)* **three**	_____	13	*(dur-tin)* **thirteen**	_____
4	*(for)* **four**	_____	14	*(for-tin)* **fourteen**	_____
5	*(faiv)* **five**	_____	15	*(fIf-tin)* **fifteen**	_____
6	*(sIks)* **six**	*six, six, six, six*	16	*(sIks-tin)* **sixteen**	_____
7	*(se-ven)* **seven**	_____	17	*(se-ven-tin)* **seventeen**	_____
8	*(eit)* **eight**	_____	18	*(ei-tin)* **eighteen**	_____
9	*(nain)* **nine**	_____	19	*(nain-tin)* **nineteen**	_____
10	*(ten)* **ten**	_____	20	*(twen-ti)* **twenty**	_____

❑ **center** *(sen-ter)* . . . . el centro _____
❑ **check** *(chek)* . . . . el cheque _____
❑ **chocolate** *(chak-let)* . . . . el chocolate _____ **c**
❑ **circle** *(ser-kol)* . . . . el círculo _____
❑ **civil** *(sIv-ol)* . . . . civil _____

(yuz) *(nam-berz)*
Use estos **numbers** diariamente. Cuente **in English** cuando se lave los dientes, haga ejercicios
use

(or)
or vaya al trabajo. Complete las líneas en blanco siguientes de acuerdo con los **numbers** entre *(nam-berz)*
o

paréntesis. Este es un buen momento para aprender estas dos frases importantes.

(ai) *(wuD)* *(laik)*
I would like _____
yo   quisiera

(ui) *(wuD)* *(laik)*
we would like _____
nosotros quisiéramos

(ai)(wuD) *(laik)*
I would like _____
yo quisiera (15)

(pi-sez) *(av)* *(pei-per)*
pieces of paper.
hojas   de   papel

(jau) *(men-i)*
How many? _____
cuántas (15)

I would like _____
(10)

(post-karDz)
postcards.
tarjetas postales

(jau) *(men-i)*
How many? _____
(10)

(ai)(wuD) *(laik)*
I would like _____
(8)

(geal-enz) *(av)* *(geas)*
gallons of gas.
galones   de   gasolina

How many? _____
(8)

I would like _____
(1)

(gleas) *(av)* *(or-enJ)* *(Jus)*
glass of orange juice.
vaso   de   jugo de naranja

How many? _____
(1)

(ui) *(wuD)* *(laik)*
We would like _____
quisiéramos (3)

(kaps) *(av)* *(ti)*
cups of tea.
tazas de   té

(jau) *(men-i)*
How many? _____
(3)

(ai) *(wuD)* *(laik)*
I would like _____
(11)

(steamps)
stamps.
timbres/sellos

How many? _____
(11)

(ui) *(wuD)* *(laik)*
We would like _____
(4)

(mu-vi) *(tIk-ets)*
movie tickets.
cine   boletos

(jau) *(men-i)*
How many? _____
(4)

We would like _____
(2)

(glea-sez) *(av)* *(bIr)*
glasses of beer.
vasos   de   cerveza

How many? _____
(2)

(ai) *(wuD)* *(laik)*
I would like _____
yo (12)

(fresh) *(egz)*
fresh eggs.
frescos huevos

How many? _____
(12)

(ui)
We would like _____
(5)

(glea-sez) *(av)* *(ua-ter)*
glasses of water.
vasos   de   agua

How many? _____
(5)

(ai)
I would like _____
(7)

(glea-sez) *(av)* *(uain)*
glasses of wine.
vasos   de   vino

_____
(cuántas)   (4)

☐ **class** *(kleas)*	la clase	_____
☐ **column** *(kal-em)*	la columna	_____
☐ **comical** *(ka-ma-kol)*	cómico	**C** _____
☐ **company** *(kam-pa-ni)*	la compañía	_____
☐ **compartment** *(kam-part-ment)*	el compartimiento	_____

Ahora, vea si puede traducir las oraciones siguientes al **English.** *(Ing-lIsh)* **The** *(di)* **answers** *(ean-serz)* se encuentran
respuestas
al pie de **the** *(peiJ)* **page.**
la página

1. Yo quisiera siete tarjetas postales.

_____

2. Yo quisiera nueve sellos.

_____

3. Nosotros quisiéramos cuatro tazas de café.

_____

4. Nosotros quisiéramos tres boletos.

_____

Escriba sus números de teléfono, fax y celular. Luego escriba el número de teléfono de algún

amigo y de algún familiar.

(8   0   0)   4   8   8   —   5   0   6   8

eight zero zero _____

(   )   —

_____

(   )   —

_____

6   *(kal-urz)*
Colors
colores

(kal-urz) *(ar)*   *(In) (di)* *(yu-nai-tID)(steits)*   *(chI-li)*   *(mek-sI-ko)*
Colors are iguales **in the United States** como también lo son en **Chile and Mexico** —
       son   en los   Estados   Unidos

                  (neimz)   *(vai-let)*
simplemente tienen **names** diferentes. Usted puede reconocer fácilmente **violet** como <u>violeta</u>
                 nombres

    (pur-pol)   *(kal-urz)*
and purple como <u>púrpura</u>. Ahora aprendamos los **colors** básicos. Una vez que usted haya leído
y   colores

     (lIst)
toda **the list,** tome esta prueba. Qué color son los zapatos? Los ojos? El pelo? La casa?
     lista

                                                (reD)
                                                red
   (pInk)   rojo
   pink
   rosado

                                                       (or-enJ)
                                                       orange
(uait)   naranja
white
blanco

                                                       (blu)
                                                       blue
                                                       azul

(grei)
gray
gris

                                                       (yel-o)
                                                       yellow
                                                       amarillo

(braun)
brown
marrón/café

                                                       (grin)
                                                       green
                                                       verde

               (bleak)   *(mol-tI-kal-urD)*
               black   **multicolored**
               negro   multicolor

☐ **conversation** *(kan-ver-sei-shen)* .... la conversación
☐ **correct** *(ko-rekt)* .... correcto
☐ **coupon** *(kiu-pan)* .... el cupón   **c**
☐ **cream** *(krim)*. .... la crema
☐ **culture** *(kol-chur)*. .... la cultura

Despegue el próximo grupo de autoadhesivos **and** siga pegándolos **in** su *(jaus)* **house.** Identifique los dos o tres colores en las banderas abajo.

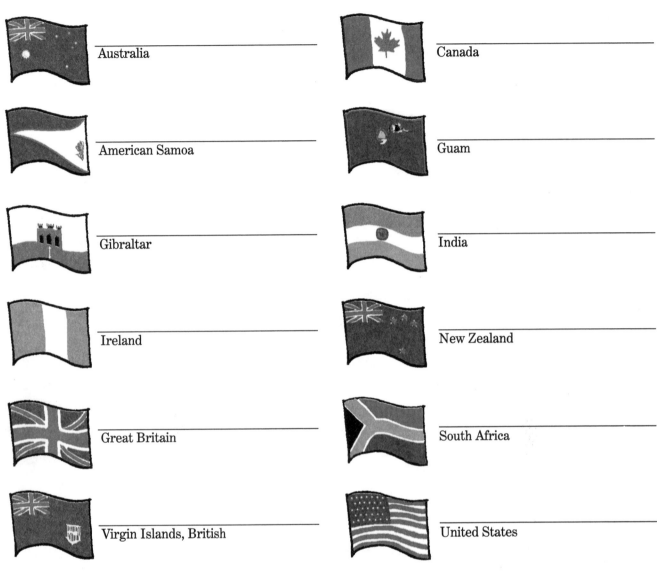

Australia _____

Canada _____

American Samoa _____

Guam _____

Gibraltar _____

India _____

Ireland _____

New Zealand _____

Great Britain _____

South Africa _____

Virgin Islands, British _____

United States _____

Usted podrá usar su capacidad de hablar **English** en cualquiera de los países mencionados.

Puede que pronuncien el **English** un poco diferente en cada país, pero le entenderán si usted habla lenta **and** claramente.

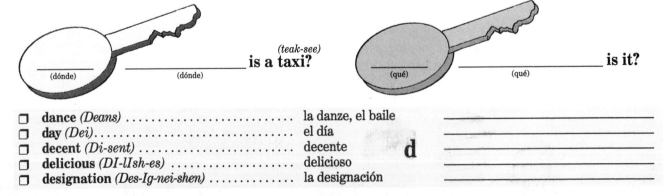

_____ *(teak-see)* **is a taxi?**
(dónde)   (dónde)

_____ _____ **is it?**
(qué)   (qué)

- ☐ **dance** *(Deans)* .... la danze, el baile
- ☐ **day** *(Dei)*.............................. el día
- ☐ **decent** *(Di-sent)* .... decente
- ☐ **delicious** *(DI-llsh-es)* .... delicioso
- ☐ **designation** *(Des-Ig-nei-shen)* .... la designación

d

_____
_____
_____
_____
_____

(leamp) **lamp**	*(kar)* **car**	*(braun)* **brown**	*(bIr)* **beer**
(so-fa) **sofa**	*(mo-tor-sai-kol)* **motorcycle**	*(reD)* **red**	*(mIlk)* **milk**
(cher) **chair**	*(bai-sa-kol)* **bicycle**	*(pInk)* **pink**	*(bat-er)* **butter**
(kar-pet) **carpet**	*(keat)* **cat**	*(or-enJ)* **orange**	*(salt)* **salt**
(tei-bol) **table**	*(gar-Den)* **garden**	*(uait)* **white**	*(pep-er)* **pepper**
(Dor) **door**	*(flau-erz)* **flowers**	*(yel-o)* **yellow**	*(uain)* *(gleas)* **wine glass**
(klak) **clock**	*(Dag)* **dog**	*(grei)* **gray**	*(gleas)* **glass**
(kur-tIn) **curtain**	*(meil-baks)* **mailbox**	*(bleak)* **black**	*(nuz-pei-per)* **newspaper**
(tel-e-fon) **telephone**	*(meil)* **mail**	*(blu)* **blue**	*(kap)* **cup**
(uIn-Do) **window**	*(zIr-o)* **0 zero**	*(grin)* **green**	*(fork)* **fork**
(pIk-chur) **picture**	*(uan)* **1 one**	*(mol-tI-kal-urD)* **multicolored**	*(naif)* **knife**
(jaus) **house**	*(tu)* **2 two**	*(guD)* *(mor-nIng)* **good morning**	*(neap-kIn)* **napkin**
(af-Is) **office**	*(dri)* **3 three**	*(guD)* *(eaf-ter-nun)* **good afternoon**	*(pleit)* **plate**
(bead-rum) **bathroom**	*(for)* **4 four**	*(guD)* *(iv-nIng)* **good evening**	*(spun)* **spoon**
(kIt-chen) **kitchen**	*(faiv)* **5 five**	*(guD)* *(nait)* **good night**	*(kab-urD)* **cupboard**
(beD-rum) **bedroom**	*(sIks)* **6 six**	*(jel-o)* **hello**	*(ti)* **tea**
(Dain-Ing) *(rum)* **dining room**	*(se-ven)* **7 seven**	*(jau)* *(ar)* *(yu)* **How are you?**	*(kaf-i)* **coffee**
(lIv-Ing) *(rum)* **living room**	*(eit)* **8 eight**	*(rI-frIJ-a-rei-tur)* **refrigerator**	*(breD)* **bread**
(ga-raJ) **garage**	*(nain)* **9 nine**	*(stov)* **stove**	*(pliz)* **please**
(beis-ment) **basement**	*(ten)* **10 ten**	*(uain)* **wine**	*(deank)* *(yu)* **thank you**

AUTOADHESIVOS

Este libro contiene más de 150 autoadhesivos especiales para que usted los use a medida que vaya aprendiendo palabras nuevas. Cuando se le presente una palabra nueva, desprenda el autoadhesivo correspondiente. Use cada uno de estos autoadhesivos pegándolos a un cuadro, una ventana, una lámpara o a cualquier objeto a que se refiera el autoadhesivo. Los autoadhesivos harán el aprendizaje del idioma inglés mucho más agradable y más fácil. Por ejemplo, cuando usted se mire en el espejo y vea el autoadhesivo, diga

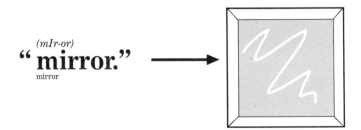

No lo diga sólo una vez, repítalo varias veces. Una vez que haya pegado el autoadhesivo en el refrigerador, no lo abra sin decir

(rI-frIJ-a-rei-tur)
"refrigerator."
refrigerador

¡Al usar los autoadhesivos, no sólo usted aprende palabras nuevas sino que sus amigos y familiares aprenden junto con usted!

(man-i)
Money
dinero

Antes de empezar este capítulo, revise el capítulo número 5. Asegúrese de que pueda contar

hasta **twenty** *(twen-ti)* sin mirar **the book.** *(buk)* Ahora aprendamos **the numbers** *(nam-berz)* más altos. Después de
veinte · libro · números

practicar en voz alta **the English numbers** *(nam-berz)* abajo, escriba estos **numbers** en los espacios en
números

blanco. Observe **the similarities** *(sIm-a-ler-a-tiz)* entro los **numbers** como **six,** *(sIks)* **sixteen and** *(sIks-tin)* **sixty.** *(sIks-ti)*
similititudes

10	*(ten)* **ten** _____	**10**	*ten, ten, ten, ten, ten* _____
20	*(twen-ti)* **twenty** _____	**20**	_____
30	*(dur-ti)* **thirty** _____	**30**	_____
40	*(for-ti)* **forty** _____	**40**	_____
50	*(fIf-ti)* **fifty** _____	**50**	_____
60	*(sIks-ti)* **sixty** *sixty, sixty, sixty*	**60**	_____
70	*(se-ven-ti)* **seventy** _____	**70**	_____
80	*(ei-ti)* **eighty** _____	**80**	_____
90	*(nain-ti)* **ninety** _____	**90**	_____
100	*(uan)* *(jan-DreD)* **one hundred** _____	**100**	_____
500	*(faiv)* *(jan-DreD)* **five hundred** _____	**500**	_____
1000	*(uan)* *(dau-zenD)* **one thousand** _____	**1000**	_____

Estas son dos frases importantes. Practique las frases y luego escríbalas abajo.

(ai) *(jeav)*
I have _____
yo · tengo

(ui) *(jeav)*
we have _____
nosotros · tenemos

☐ **difficult** *(DIf-a-kalt)* . . . . dificíl   _____
☐ **direction** *(DI-rek-shen)* . . . . la dirección   _____
☐ **distance** *(DIs-tens)* . . . . la distancia   **d**   _____
☐ **doctor** *(Dak-tur)* . . . . el doctor   _____
☐ **document** *(Dak-yu-ment)* . . . . el documento _____

La unidad monetaria **in the United** *(yu-nai-tID) (steits)* **States is the dollar,** *(Dal-er)* y se abrevia **$.** Los billetes se llaman

bills and *(bIlz) (eanD)* las monedas se llaman **coins.** *(koinz)* Como **a** **Mexican peso** *(ei) (mek-sI-ken)* puede dividirse en 100 centavos,
_{mexicano}

an *(ean)* **American dollar** *(a-mer-a-ken) (Dal-er)* puede dividirse en **100 cents** *(sents)* (abrevia **¢) or pennies.** *(pen-niz)* Muchas monedas

americanas tienen **names** *(neimz)* especiales. Por ejemplo, una moneda de **10 cents** *(sents)* se llama **a dime.** *(Daim)*
_{nombres}

Ahora, aprendamos las clases diferentes de **bills and** *(bIlz)* **coins.** *(koinz)* Siempre trate de practicar cada
_{billetes} _{monedas}

word *(uorD)* en voz alta. Quizás quiera cambiar algo de dinero **now** *(nau)* para que pueda familiarizarse
_{ahora}

with *(uid)* los **bills and** *(bIlz)* **coins** *(koinz)* diferentes.
_{con} _{billetes} _{monedas}

Bills *(bIlz)*   Coins *(koinz)*

one dollar *(uan) (Dal-er)*

one cent (penny) *(uan) (sent) (pen-ni)*

five dollars *(faiv) (Dal-erz)*

five cents (nickel) *(faiv) (sents) (nIk-ol)*

ten dollars *(ten)*

twenty dollars *(twen-ti)*

ten cents (dime) *(ten) (sents) (Daim)*

fifty dollars *(fIf-ti)*

one hundred dollars *(uan)*

twenty-five cents *(twen-ti-faiv)*
(quarter) *(kuor-ter)*

☐	**effect** *(I-fekt)*	el efecto	
☐	**electric** *(I-lek-trIk)*	eléctrico	
☐	**enormous** *(I-nor-mes)*	enorme	**e**
☐	**entrance** *(en-trens)*	la entrada	
☐	**error** *(er-ur)*	el error	

Revise **the numbers ten to one thousand** otra vez. **Now,** cómo diría "veinte y dos" **or** "cincuenta *(nam-berz)* *(uan)* *(dau-zenD)* *(nau)* ahora

y tres" **in English?** *(Ing-lIsh)* Simplemente ponga **the numbers** en sucesión lógica. Por ejemplo,

78 (70 + 8) = **seventy- eight.** *(se-ven-ti)* *(eit)* Vea si puede decir **and** escribir **the numbers** en esta **page.** *(peiJ)* **The**
70   8

answers *(ean-serz)* **are** *(ar)* al pie de **the page.** *(peiJ)*

1. *twenty-five, twenty-five*
(20 + 5 = 25)

2. _____
(40 + 7 = 47)

3. _____
(80 + 4 = 84)

4. _____
(90 + 3 = 93)

How diría lo siguiente **in English?**

5. _____
(Yo tengo 60 dólares.)

6. _____
(Nosotros tenemos 15 dólares.)

Para preguntar cuánto cuesta algo en **English,** diga, — **How much does this cost?** *(jau)* *(mach)* *(Daz)* *(dIs)* *(kast)*
¿Cuánto cuesta ésto?

Ahora _____
(¿Cuánto cuesta ésto?)

Now *(nau)* conteste las preguntas siguientes basadas en **the numbers** entre paréntesis.
ahora

7. **How much does this cost?** *(jau)* *(mach)* *(Daz)* *(dIs)* *(kast)* **It costs** _____ **cents.** *(sents)*
esto   (20)

8. **How much does that cost?** *(deat)* **It costs** _____ **dollars.**
eso   (3)

9. **How much does the book cost?** *(buk)* **It costs** _____ **dollars.** *(Dal-erz)*
(17)

10. **How much does the picture cost?** *(pIk-chur)* **It costs** _____ **dollars.**
(125)

(tu-Dei) *(tu-mar-o)* *(yes-ter-Dei)*
Today, Tomorrow and Yesterday
hoy   mañana   y   ayer

(keal-en-Der)
The calendar
calendario

_____

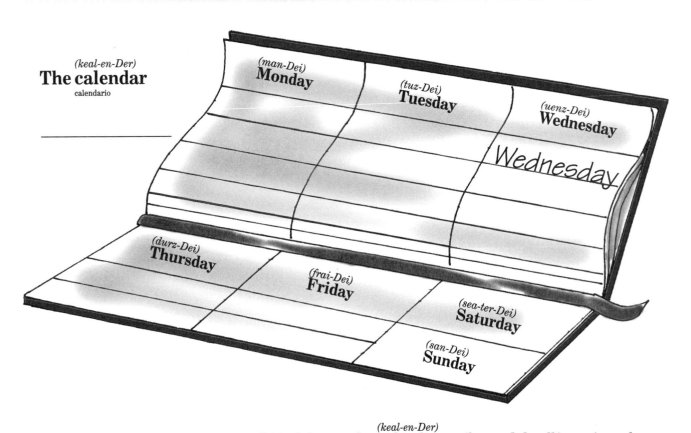

(man-Dei) **Monday**

(tuz-Dei) **Tuesday**

(uenz-Dei) **Wednesday**

Wednesday

(durz-Dei) **Thursday**

(frai-Dei) **Friday**

(sea-ter-Dei) **Saturday**

(san-Dei) **Sunday**

(keal-en-Der)
Aprenda los días de la semana escribiéndolos en **the calendar** arriba **and** de allí prosiga a las

(for) *(parts)* *(Dei)*
four parts de cada **day.**
partes   día

(mor-nIng)
morning
la mañana

(eaf-ter-nun)
afternoon
la tarde

(iv-nIng)
evening
la noche (las primeras horas)

(nait)
night
la noche (la despedida)

_____ _____ _____ _____

☐ **family** *(feam-I-li)*	la familia	
☐ **famous** *(fei-mes)*	famoso	
☐ **favor** *(fei-vor)*	el favor	**f**
☐ **figure** *(fig-yor)*	la figura	
☐ **film** *(fIlm)*	el film, la película	

(It) *(ver-i)* *(Im-por-tent)* *(eanD)*
It is very important saber los días de la semana **and** las partes diferentes del día tan bien estas
es   muy   importante

tres palabras.

(yes-ter-Dei) *(tu-Dei)* *(tu-mar-o)*
yesterday   **today**   **tomorrow**

(san-Dei)
Sunday
domingo

(man-Dei)
Monday
lunes

(tuz-Dei)
Tuesday
martes

(uenz-Dei)
Wednesday
miércoles

(durz-Dei)
Thursday
jueves

(frai-Dei)
Friday
viernes

(sea-ter-Dei)
Saturday
sábado

(uat) *(Iz)* *(tu-Dei)*
What is today? _____

(tu-mar-o)
What is tomorrow? _____

(uaz) *(yes-ter-Dei)*
What was yesterday? _____
fue

(tu-Dei) *(Iz)* *(tuz-Dei)*
Today is Tuesday, yes? Si _____ **is**
sí   (mañana)

(uenz-Dei)
Wednesday and _____ **was Monday.** Observe que **in English** se utiliza **evening**
(ayer)   *(man-Dei)*   *(iv-nIng)*

para las primeras horas de la noche y cuando se saluda. Complete las líneas siguientes **and** luego

(ean-serz) *(peiJ)*
compare sus **answers** al pie de **the page.**

a.   el domingo por la mañana   =   _____

b.   el viernes por la noche   =   _____

c.   el sábado por la noche   =   _____

d.   el jueves por la tarde   =   _____

e.   el lunes por la mañana   =   _____

f.   ayer por la noche   =   _____

g.   mañana por la tarde   =   _____

h.   mañana por la noche   =   _____

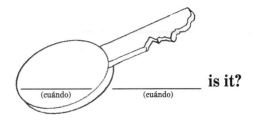
_____ _____ **is it?**
(cuándo)   (cuándo)

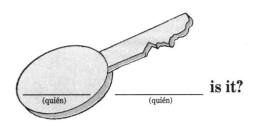
_____ **is it?**
(quién)   (quién)

23

Saber **the parts of the day** le ayudará a aprender **and** comprender las varias maneras de

saludar **in English**.

(guD) *(mor-nIng)*
good morning _____
buenos   días

(guD) *(eaf-ter-nun)*
good afternoon _____
buenas   tardes

(guD) *(iv-nIng)*
good evening _____
buenas   noches (el saludo)

(guD) *(nait)*
good night _____
buenas   noches (la despedida)

(jel-o) *(jai)*
hello / hi _____
hola

(dIngz) *(jaus)*
Tome los próximos **four** autoadhesivos **and** péguelos en **the things** apropiadas en su **house**.
cosas

Asegúrese de ponerlos en los artículos correctos porque solamente están escritos **in English**.

(guD) *(mor-nIng)*
¿Qué le parece el espejo en el baño para **good morning?** **Or** su reloj despertador para **good**

(nait) *(jau)* *(yu)*
night? No se sorpenda, **How are you?** _____
cómo   está   usted

Ahora algunas preguntas de **"yes"** o **"no"** –
sí

(blu)   *(braun)*
¿Sus ojos son **blue?** _____   ¿Sus zapatos son **brown?** _____

(reD)
¿Su color favorito es el **red?** _____   ¿Es hoy día **Saturday?** _____

(Dag)   *(keat)*
¿Eres dueño de un **dog?** _____   ¿Eres dueño de un **cat?** _____

(ar)   *(dIs)* *(buk)*   *(guD)*
Usted **are** a punto de terminar una cuarta parte de **this book, and it is a good** momento para
está

(uorDz)
revisar rápidamente **the words** que usted **have** aprendido rellenando el crucigrama en la próxima

(peiJ) *(jeav)* *(fan)* *(guD)* *(lak)*
page. **Have fun and good luck!**
diviértase   buena   suerte

RESPUESTAS DEL CRUCIGRAMA (CROSSWORD PUZZLE)

HORIZONTAL

3.	and
5.	woman
7.	how
8.	today
9.	sixty
10.	bicycle
13.	beer
15.	American
16.	red
19.	picture
20.	dog
22.	forty
24.	ninety
27.	bill
28.	number
29.	window
31.	carpet
33.	pink
34.	twenty
36.	house
37.	good
40.	restaurant
43.	what
45.	wine
46.	green
47.	fifty
48.	England

VERTICAL

1.	cat
2.	why
3.	answers
4.	day
5.	where
6.	now
10.	bedroom
11.	color
12.	salad
14.	clock
15.	afternoon
17.	door
18.	hundred
19.	postcard
21.	garage
23.	yellow
25.	telephone
26.	evening
27.	black
30.	water
32.	yesterday
35.	garden
38.	doctor
39.	morning
41.	table
42.	white
44.	sofa

EL CRUCIGRAMA (CROSSWORD PUZZLE)

(kras-uorD) *(paz-ol)*

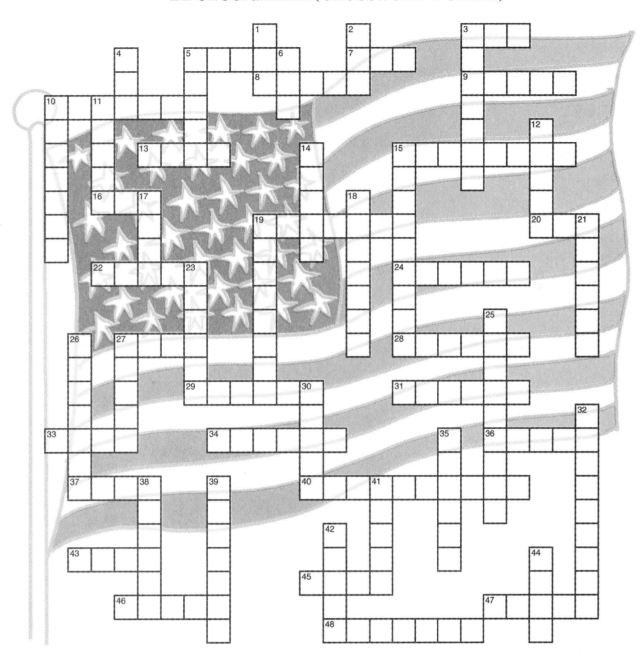

HORIZONTAL

3. y
5. mujer
7. cómo
8. hoy
9. sesenta
10. bicicleta
13. cerveza
15. americano
16. rojo
19. cuadro
20. perro
22. cuarenta
24. noventa
27. billete
28. número
29. ventana
31. alfombra
33. rosado
34. veinte
36. casa
37. bueno
40. restaurante
43. qué
45. vino
46. verde
47. cincuenta
48. Inglaterra

VERTICAL

1. gato
2. por qué
3. respuestas
4. día
5. dónde
6. ahora
10. dormitorio
11. color
12. ensalada
14. reloj
15. tarde
17. puerta
18. cien
19. tarjeta postal
21. garaje
23. amarillo
25. teléfono
26. noche
27. negro
30. agua
32. ayer
35. jardín
38. doctor
39. mañana
41. mesa
42. blanco
44. sofá

❒ **filter** *(fÍl-ter)* . . . . el filtro
❒ **final** *(fai-nol)* . . . . final
❒ **flower** *(flau-er)* . . . . la flor
❒ **forest** *(for-Ist)* . . . . la floresta, el bosque
❒ **form** *(form)* . . . . la forma

f

25

(In) *(on)* *(an-Der)*
In, On, Under
en   sobre   debajo de

Las preposiciones **in** *(Ing-lIsh)* **English** (**words** *(uorDz)* como "en," "sobre," "a través de" y "cerca de") **are** *(ar)* fáciles de aprender **and** le permiten ser preciso **with** *(uid)* con un esfuerzo mínimo. En vez de señalar **six** *(sIks)* veces a un delicioso pastel que desea pedir, usted podrá explicar precisamente cuál es el que desea diciendo que **it is** está detrás, delante de, cerca de **or** debajo del pastel que la vendedora empezó a coger. Aprendamos algunas de estas **words** pequeñas.

(an-Der)
under _____
debajo de

(an)
on _____
en

(o-ver)
over _____
sobre

(In) (frant) (av)
in front of _____
delante de

(bi-tuin)
between _____
entre

(bi-jainD)
behind _____
detrás de

(nekst) (tu)
next to _____
cerca de

(aut) (av)
out of _____
fuera de

(In-tu) (In)
into/ in _____
dentro de

(peis-tri)
pastry _____
pastel

Complete los espacios en blanco en la siguiente **page** *(uid)* **with the** *(ko-rekt)* **correct** *(prep-a-zI-shenz)* **prepositions** de acuerdo
con   las   correctas   preposiciones

a los que acaba de aprender.

_____ **are** *(yu)* **you?**
(cómo)   (cómo)

_____ **is the taxi** *(teak-si)* *(yel-o)* **yellow?**
(por qué)   (por qué)   amarillo

- ❏ **fortune** *(for-chen)* .... la fortuna
- ❏ **fountain** *(faun-ten)* .... la fuente
- ❏ **fresh** *(fresh)* .... fresco
- ❏ **fruit** *(frut)* .... la fruta
- ❏ **future** *(fiu-chur)* .... el futuro

f

_____

_____

_____

_____

_____

The *(peis-tri)* **pastry is** _____ **the** *(tei-bol)* **table.**
pastel   *(en)*   mesa

The *(Dag)* **dog is** _____ **the** *(tei-bol)* **table.**
perro   *(debajo de)*   mesa

The *(Dak-tur)* **doctor is** _____ **the** *(jo-tel)* **hotel.**
       (dentro de)

Where is the doctor? _____
(uer)
dónde

The *(mean)* **man is** _____ **the** *(jo-tel)* **hotel.**
hombre   *(delante de)*

Where is the man? _____

The *(tel-e-fon)* **telephone is** _____ **the** *(pIk-chur)* **picture.**
       (cerca de)   cuadro

Where is the telephone? _____

Now, complete cada línea en blanco en **the picture** *(uid)* **with the preposition** *(prep-a-zI-shen)* más apropiada.
cuadro

¿Reconoce usted **the Golden** *(gol-Den)* **Gate** *(geit)* **Bridge?** *(brIJ)*

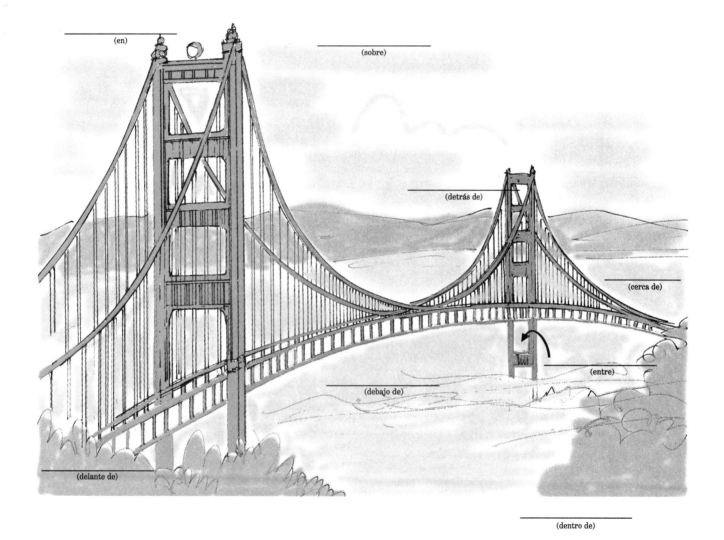

☐ **gallery** *(geal-e-ri)*	la galería	_____
☐ **garden** *(gar-Den)*	el jardín	_____
☐ **gas** *(geas)*	el gas, la gasolina **g**	_____
☐ **— gas station** *(geas)(stei-shen)*	la gasolinera	_____
☐ **government** *(gov-er-ment)*	el gobierno	_____

(Jean-yu-er-i) *(feb-ru-er-i)* *(march)*
January, February, March
enero   febrero   marzo

Usted ya aprendió **the** **days** *(Deiz)* **of the week.** Ahora **it is** *(uik)* **time** *(taim)* de aprender **the** **months** *(mandz)* **of the** **year** *(yIr)*
días   semana   hora   meses   año

and todas **the** *(dIf-rent)* **different** clases de **weather.** *(ued-er)*
diferentes   tiempo/clima

(Jean-yu-er-i)
January

(feb-ru-er-i)
February

(march)
March

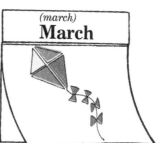

(ei-prIl)
April

(mei)
May

(Jun)
June

(Ju-lai)
July

(a-gest)
August

(sep-tem-ber)
September

(ak-to-ber)
October

(no-vem-ber)
November

(De-sem-ber)
December

Cuando alguien le pregunta "**How is** *(jau)* **the weather** *(ued-er)* **today?**" *(tu-Dei)* usted puede usar muchas
cómo   está el   tiempo   hoy

respuetas. Aprendamos algunas pero primero, ¿suena esto familiar?

(dur-ti) *(Deiz)* *(jeaz)* *(sep-tem-ber)* *(ei-prIl)* *(Jun)* *(no-vem-ber)*
Thirty days has September, April, June and November . . .
treinta   días   tiene

- ☐ **grain** *(grein)* . . . . el grano
- ☐ **grand** *(greanD)* . . . . gran
- ☐ **grease** *(gris)* . . . . la grasa   **g**
- ☐ **group** *(grup)* . . . . el grupo
- ☐ **guide** *(gaiD)* . . . . el guía

(jau) *(ued-er)* *(tu-Dei)*
How is the weather today? _____
cómo está el tiempo hoy

(snoz) *(Jean-yu-er-i)*
It snows in January. _____
nieva

(al-so) *(feb-ru-er-i)*
It also snows in February. _____
también

(reinz) *(march)*
It rains in March. _____
llueve

(al-so) *(ei-prIl)*
It also rains in April. _____
también

(uin-Di) *(mei)*
It is windy in May. _____
viento

(Jun)
It is also windy in June. _____

(jat) *(Ju-lai)*
It is hot in July. _____
calor

(a-gest)
It is also hot in August. _____

(guD) *(sep-tem-ber)*
The weather is good in September. _____
bueno

(klau-Di) *(ak-to-ber)*
It is cloudy in October. _____
nublado

(kolD) *(no-vem-ber)*
It is cold in November. _____
frío

(ued-er) *(beaD)* *(De-sem-ber)*
The weather is bad in December. _____
malo

(jau) *(ued-er)* *(feb-ru-er-i)*
How is the weather in February? _____
cómo

(ued-er) *(ei-prIl)*
How is the weather in April? _____

(mei)
How is the weather in May? _____

(a-gest)
How is the weather in August? _____

❏	**habit** *(jea-bIt))*	el hábito	_____
❏	**hamburger** *(jeam-bur-ger)*	la hamburguesa	_____
❏	**hero** *(jIr-o)*	el héroe **h**	_____
❏	**history** *(jIs-to-ri)*	la historia	_____
❏	**honor** *(an-or)*	el honor	_____

Now, para las estaciones **of the year** *(yIr)* ...
año

(uin-ter)
winter
invierno

(sam-er)
summer
verano

(a-tem)
autumn
otoño

(sprIng)
spring
primavera

(sen-ta-greid)
Centigrade
centígrado

(fer-In-jait)
Fahrenheit

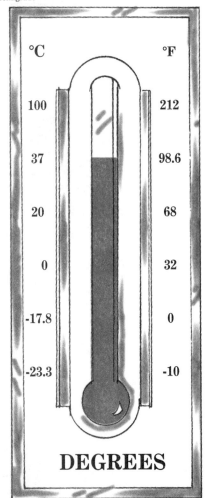

°C	°F
100	212
37	98.6
20	68
0	32
-17.8	0
-23.3	-10

DEGREES

Ahora, **it is a good idea** *(guD)* *(ai-Di-a)* familiarizarse **with** *(uid)*
idea   con
American temperatures. *(tem-pra-churz)* Estudie **the thermometer** *(der-mam-a-ter)*
temperaturas   termómetro
porque las **temperatures** *(tem-pra-churz)* **in the United** *(yu-nai-tID)* **States** *(steits)* son

calculadas a base de **Farhenheit** *(fer-In-jait)* y no **Centigrade.** *(sen-ta-greid)*
centígrado

Para convertir **Centigrade** a **Fahrenheit,** multiplique

por 1.8 y agregue 32.

$$37\,°C \times 1.8 = 66.6 + 32 = 98.6\,°F$$

Para convertir **Fahrenheit** a **Centigrade**, reste 32 y

multiplique por 0.55

$$98.6\,°F - 32 = 66.6 \times 0.55 = 37\,°C$$

¿Cuál es la temperature normal del cuerpo humano

en grados Fahrenheit?

¿Cuál es el punto de congelación en grados

Fahrenheit?

☐ **hotel** *(jo-tel)* . . . . el hotel
☐ **hour** *(aur)* . . . . la hora
☐ **humid** *(jiu-mID)* . . . . húmedo
☐ **humor** *(jiu-mor)* . . . . el humor
☐ **hungry** *(jan-gri)* . . . . hambre

h

Family, Food and Faith

(feam-I-li)   *(fuD)*   *(feid)*

familia   alimento   fe

In English, hay **three words** *(dri)* *(uorDz)* que empiezan con "F" que le ayudarán a comprender algunas de

las partes básicas de la **American life.** *(a-mer-a-ken)* *(laif)* vida   Estudie **the illustration** *(Il-a-strei-shen)* ilustración abajo **and then** *(den)* luego escriba **the**

new words *(nu)* *(uorDz)* nuevas en las líneas en blanco. Observe que, **in the United States and England,** *(In)* *(yu-nai-tId)* *(steits)* en la

mujer casada toma generalmente el apellido de su esposo.

Helen Anderson
grandmother
abuela

William Johnson
grandfather
abuelo

Joseph Johnson
father
padre

Patricia Kelly
mother
madre

Suzie Johnson
aunt
tía

Greg Bowman
uncle
tío

Blake Johnson
son
hijo

Cassandra Johnson
daughter
hija

☐ **idea** *(ai-Di-a)* . . . . la idea
☐ **illustration** *(Il-a-strei-shen)* . . . . la ilustración
☐ **important** *(Im-por-tent)* . . . . importante   **i**
☐ **industry** *(In-Das-tri)* . . . . la industria
☐ **information** *(In-for-mei-shen)* . . . . la información

Aprendamos a identificar **the** *(feam-I-li)* **family** por su *(neim)* **name.** Estudie **the examples** *(Ig-zeam-polz)* siguientes.
ejemplos

(uat) *(Iz)* *(yor)* *(neim)*
What is your name? _____
¿Cómo se llama?

(mai) *(neim)*
My name is _____
me llamo   (su nombre)

(per-ents)
parents
padres

(fa-der)
father _____

(fa-derz) *(neim)*
What is the father's name? *Joseph*
nombre del padre

(ma-der)
mother _____

(ma-derz)
What is the mother's name? _____

(chIl-Dren) *(san)* *(Da-ter)* *(bra-der)* *(sIs-ter)*
children   **son and daughter** = **brother and sister**
niños   hermano   hermana

(san)
son _____

(sanz)
What is the son's name? _____

(Da-ter)
daughter _____

(Da-terz)
What is the daughter's name? _____

(rel-a-tIvz)
relatives
parientes

(greanD-fa-der)
grandfather _____

(greanD-fa-derz)
What is the grandfather's name? _____

(greanD-ma-der)
grandmother _____

(greanD-ma-derz)
What is the grandmother's name? _____

Ahora pregunta —

Y responde —

_____
(¿Cómo se llama?)

_____
(Me llamo . . .)

☐	**instant** *(In-stent)*	el instante	_____
☐	**intelligent** *(In-tel-e-Jent))*	inteligente	_____
☐	**interesting** *(In-trIs-tIng)*	interesante	_____
☐	**invitation** *(In-va-tei-shen)*	la invitación	_____
☐	**island** *(ai-lenD)*	la isla	_____

i

(kIt-chen)
Kitchen
cocina

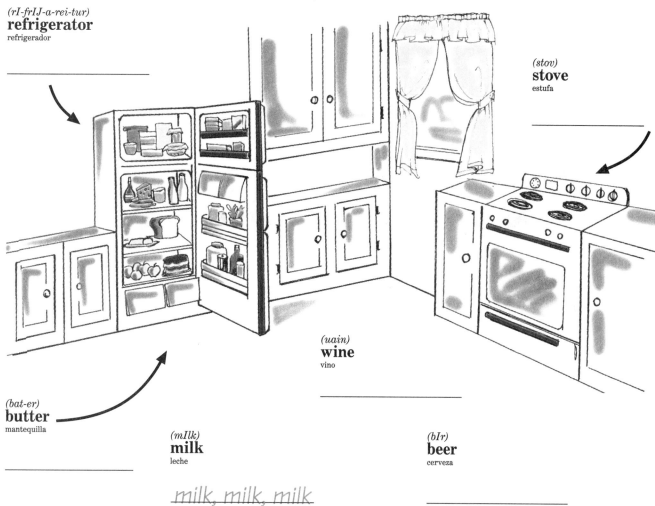

(rI-frIJ-a-rei-tur)
refrigerator
refrigerador

_____

(stov)
stove
estufa

_____

(uain)
wine
vino

_____

(bat-er)
butter
mantequilla

_____

(mIlk)
milk
leche

milk, milk, milk

(bIr)
beer
cerveza

_____

(ean-ser) *(diz)* *(kues-chenz)*
Answer these questions en voz alta.
estas

(uer) *(bIr)*
Where is the beer? .... **The beer is in the refrigerator.**
(bIr) *(In)* *(rI-frIJ-a-rei-tur)*

(mIlk) *(uain)* *(bat-er)* *(seal-eD)*
Where is the milk?   **Where is the wine?**   **Where is the butter?**   **Where is the salad?**

(nau) *(o-pen)* *(uid)*
Now open the book a **the page with** los autoadhesivos **and** despegue el próximo grupo de
abra

(dIngz) *(kIt-chen)*
autoadhesivos y péguelos y en todas **the things** en su **kitchen.**
cosas

☐ **jacket** *(Jeak-et)* .... la chaqueta
☐ **jasmine** *(Jeas-mIn)* .... el jazmín
☐ **jeep** *(Jip)* .... el jeep   **j**
☐ **June** *(Jun)* .... junio
☐ **justice** *(Jas-tIs)* .... la justicia

_____
_____
_____
_____
_____

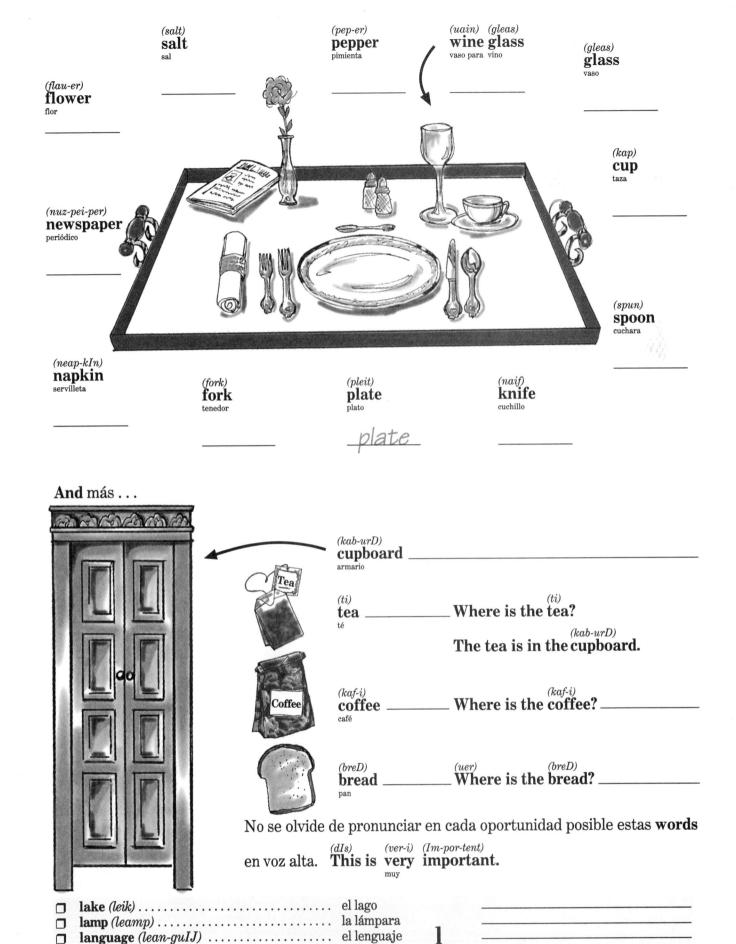

(salt)
salt
sal

(pep-er)
pepper
pimienta

(uain) *(gleas)*
wine glass
vaso para vino

(gleas)
glass
vaso

(flau-er)
flower
flor

(kap)
cup
taza

(nuz-pei-per)
newspaper
periódico

(spun)
spoon
cuchara

(neap-kIn)
napkin
servilleta

(fork)
fork
tenedor

(pleit)
plate
plato

(naif)
knife
cuchillo

plate

And más . . .

(kab-urD)
cupboard _____
armario

(ti)
tea _____
té

(ti)
Where is the tea?

(kab-urD)
The tea is in the cupboard.

(kaf-i)
coffee _____
café

(kaf-i)
Where is the coffee? _____

(breD)
bread _____
pan

(uer) *(breD)*
Where is the bread? _____

No se olvide de pronunciar en cada oportunidad posible estas **words**

en voz alta.
(dIs) *(ver-i)* *(Im-por-tent)*
This is very important.
muy

- ☐ **lake** *(leik)* . . . . el lago
- ☐ **lamp** *(leamp)* . . . . la lámpara
- ☐ **language** *(lean-guIJ)* . . . . el lenguaje
- ☐ **lanolin** *(lean-o-lIn)* . . . . la lanolina
- ☐ **legal** *(li-gol)* . . . . legal

1

_____
_____
_____
_____
_____

(eks-kiuz) (mi) **excuse me**	(steamp) **stamp**	(kom) **comb**	(shorts) **shorts**
(beD) **bed**	(post-karD) **postcard**	(o-ver-kot) **overcoat**	(ti-shert) **T- shirt**
(pIl-o) **pillow**	(peas-port) **passport**	(am-brel-la) **umbrella**	(an-Der-peants) **underpants**
(bleing-kIt) **blanket**	(tIk-et) **ticket**	(rein-kot) **raincoat**	(an-Der-shert) **undershirt**
(a-larm) (klak) **alarm clock**	(sut-keis) **suitcase**	(glavz) **gloves**	(Dres) **dress**
(mIr-or) **mirror**	(jeanD-beig) **handbag**	(jeat) **hat**	(blaus) **blouse**
(sInk) **sink**	(ual-et) **wallet**	(jeat) **hat**	(skert) **skirt**
(tau-elz) **towels**	(man-i) **money**	(buts) **boots**	(suet-er) **sweater**
(toi-let) **toilet**	(kre-DIt) (karDz) **credit cards**	(shuz) **shoes**	(slIp) **slip**
(shau-er) **shower**	(treav-ol-erz) (cheks) **traveler's checks**	(ten-Is) (shuz) **tennis shoes**	(bra) **bra**
(pen-sol) **pencil**	(keam-ra) **camera**	(sut) **suit**	(an-Der-peants) **underpants**
(tel-e-vI-shen) **television**	(fIlm) **film**	(tai) **tie**	(saks) **socks**
(pen) **pen**	(suIm-sut) **swimsuit**	(shert) **shirt**	(pean-ti-hoz) **pantyhose**
(meag-a-zin) **magazine**	(sean-Dolz) **sandals**	(jeang-ker-chIf) **handkerchief**	(pa-Jea-maz) **pajamas**
(buk) **book**	(san-glea-sez) **sunglasses**	(Jeak-et) **jacket**	(nait-shert) **nightshirt**
(kam-pu-ter) **computer**	(tud-brash) **toothbrush**	(trau-serz) **trousers**	(bead-rob) **bathrobe**
(glea-sez) **glasses**	(tud-peist) **toothpaste**	(Jinz) **jeans**	(slIp-erz) **slippers**
(pei-per) **paper**	(sop) **soap**	(ai) (kam) (fram) **I come from** _____ .	
(treash) (kean) **trash can**	(rei-zor) **razor**	(ai) (wuD) (laik) (tu) (lern) (Ing-lIsh) **I would like to learn English.**	
(let-er) **letter**	(Di-o-Der-ent) **deodorant**	(mai) (neim) (Iz) **My name is** _____ .	

ADEMÁS . . .

Su libro incluye un número de otras características novedosas. En la parte de atrás de su libro, encontrará doce páginas de fichas para memorizar. Córtelas y léalas por lo menos una vez al día.

En las páginas 118, 119 y 120 encontrará una guía de bebidas y un menú. No espere hasta que vaya de viaje para usarlo. Recorte el menú y úselo esta noche a la hora de la cena. Y use la guía de bebidas para practicar cómo pedir su bebida favorita.

Al usar las características especiales que le ofrece este libro, hablará inglés antes de darse cuenta.

(guD) *(lak)*
Good luck!
buena suerte

(ri-lIJ-en)
Religion
religión

(yu-nai-tID) (steits) *(der)* *(va-rai-e-ti) (av) (ri-lIJ-enz)* *(re-lIJ-en)*
In the United States, there are a variety of religions. The religion de una persona **is**
variedad · religiones · religión

generalmente una de las siguientes.

(prat-Is-tent)
1. **Protestant** _____
   protestante

(kead-lIk)
2. **Catholic** _____
   católica

(Ju-Ish)
3. **Jewish** _____
   judía

(jIr) *(church)* *(yu-nai-tID) (steits)*
Here is a church in the United States.
iglesia
(kead-lIk)
Is it a Catholic church?

(prat-Is-tent)
Is it a Protestant church?

(nu)
Is it a new church?
nueva
(ean) (olD)
Is it an old church?
vieja

(men-i) *(prIt-i)* *(church-ez)*
Usted verá **many pretty churches** como ésta durante su visita a **the United States. Now,**
muchas · bonitas

(ai) (eam)
aprendamos a decir "yo soy" y "yo estoy" en **English: I am** _I am,_____
yo soy/yo estoy

(ai) (eam) *(uorDz)*
Practique diciendo **"I am" with** las **words** siguientes. Escriba cada oración para practicar más.

_____ (por qué) _____? _____ (cuánto) _____ **is it?**
(por qué) · (cuánto)

☐ **lemon** *(lem-en)* . . . . el limón _____
☐ **lemonade** *(lem-e-neiD)* . . . . la limonada _____
☐ **lesson** *(les-en)* . . . . la lección   l _____
☐ **license** *(lai-sens)* . . . . la licencia _____
☐ **lime** *(laim)* . . . . la lima _____

37

(ai) (eam) (kead-lIk)
I am Catholic. _____

(prat-Is-tent)
I am Protestant. _____

(Ju-Ish)
I am Jewish. _____

(a-mer-a-ken)
I am American. _____

(Ing-lenD)
I am in England. _____
en

I am in the United States. _____

(church)
I am in the church. _____

(kIt-chen)
I am in the kitchen. _____

(kean-a-Da)
I am in Canada. _____
en   Canadá

(ka-nei-Di-en)
I am Canadian. _____
canadiense

(jo-tel)
I am in the hotel. _____

(res-ta-rant)
I am in the restaurant. _____

(jan-gri)
I am hungry. _____
con hambre

(ders-ti)
I am thirsty. _____
con sed

Para negar cualquiera de estas afirmaciones, simplemente agregue "**not**" después de "**I am.**"
          (nat)   *(ai)(eam)*
          no

(kead-lIk)
I am not Catholic. _____
        no

(Ju-Ish)
I am not Jewish. _____

(nat)
Repase y practique una vez más estas oraciones usando " **not.**"

(feam-I-li)
Now, tome una hoja de papel. Nuestra **family** desde antes tendrá una reunión. Identifique todas

(pi-pol)   *(bi-lo)*   *(ko-rekt)*   *(per-san)*
the people in the picture below, escribiendo **the correct English word** para cada **person** —
personas   abajo   persona
(ma-der)   *(an-kol)*   *(Dag)*
mother, uncle y así sucesivamente. No se olvide **the dog!**

☐ **limit** *(lIm-It)*	el límite	_____
☐ **line** *(lain)*	la línea	_____
☐ **liquid** *(lI-kuID)*	el líquido	_____
☐ **liquor** *(lIk-er)*	el licor	_____
☐ **list** *(lIst)*	la lista	_____

1

Usted ya **have** aprendido dos verbos importantes: I (*wuD*) **would** (*laik*) **like**   y   I (*jeav*) **have.** Aunque puede
quisiera   tengo

defenderse con tan sólo estos verbos, supongamos que quiere aprender más. Primero un repaso

rápido.

¿Cómo se dice | "yo" | **in English?**_____

¿Cómo se dice | "nosotros" | **in English?**_____

Estudie estos (*tu*) **two** gráficos (*ver-i*) **very** cuidadosamente **and** aprenda estas (*sIks*) **six words now.**
muy

yo	=	(*ai*) **I** _____	
usted tú	=	(*yu*) **you** _____	
él	=	(*ji*) **he** _____	
ella	=	(*shi*) **she** _____	

nosotros	=	(*ui*) **we** _____	
ustedes vosotros	=	(*yu*) **you** _____	
ellos ellas	=	(*dei*) **they** _____	

Now, trace líneas entre las palabras correspondientes en (*spean-Ish*) **Spanish and English** y vea si usted

puede aprender de memoria estas **words.**

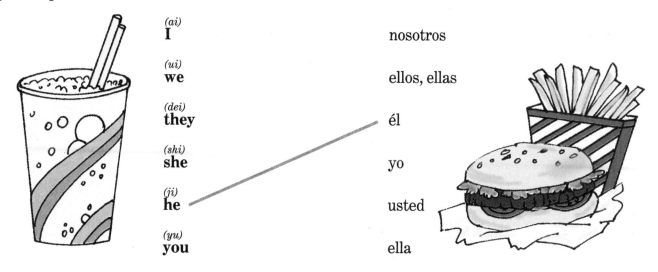

(*ai*) **I**   nosotros

(*ui*) **we**   ellos, ellas

(*dei*) **they**   él

(*shi*) **she**   yo

(*ji*) **he**   usted

(*yu*) **you**   ella

☐	**map** (*meap*)	el mapa	_____
☐	**March** (*march*)	marzo	_____
☐	**margarine** (*mar-Je-rIn*)	la margarina **m**	_____
☐	**medicine** (*meD-I-sIn*)	la medicina	_____
☐	**melody** (*mel-a-Di*)	la melodía	_____

Now cierre *(dIs)* **this book and** escriba **the words** arriba en **a piece of paper.** ¿Pudo hacerlo?
(ei) (pis) una hoja *(pei-per)* papel

¿Sí o no? **Now** que **you** *(yu)* usted sabe estas **words, you** *(yu)* puede decir casi cualquier cosa **in English with**

una fórmula básica: la "fórmula de conexión."

Para demonstrarlo, tomemos **six** *(sIks)* **English verbs** *(vurbz)* verbos muy prácticos **and** importantes, **and** veamos

cómo funciona la "fórmula de conexión." Escriba los **verbs** *(vurbz)* en las líneas en blanco abajo después

de que **you** *(yu)* los haya practicado en voz alta muchas veces.

(or-Der) **order** ordenar	*order, order, order*	*(stei)* **stay** quedarse	_____
(bai) **buy** comprar	_____	*(lIv)* **live** vivir	_____
(lern) **learn** aprender	_____	*(spik)* **speak** hablar	_____

Aparte de las **words** conocidas encerradas en círculo ¿puede **you** encontrar **four** de los verbos ya

mencionados en el puzzle a continuación?

E	N	O	U	L	E	A	R	N	K	S
S	W	Y	Z	I	A	B	P	?	R	T
P	V	O	M	V	X	S	W	H	O	A
E	K	N	O	E	T	O	P	R	B	Y
A	A	R	P	H	Q	W	I	C	P	W
K	O	Y	N	M	O	R	D	E	R	I
O	U	N	T	B	A	W	O	N	K	X
B	A	E	R	K	S	W	H	E	R	E

1. _____

2. _____

3. _____

4. _____

	menu *(men-yu)*	el menú		_____
☐	**menu** *(men-yu)*	el menú		_____
☐	**metal** *(met-ol)*	el metal		_____
☐	**meter** *(mi-ter)*	el metro	**m**	_____
☐	**minute** *(mIn-It)*	el minuto		_____
☐	**modern** *(maD-ern)*	moderno		

Estudie cuidadosamente la conjugación siguiente de verbos.

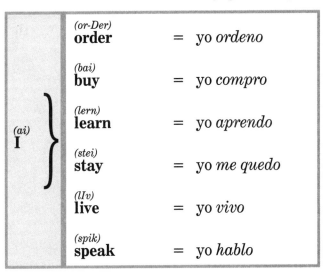

(ai) **I**	*(or-Der)* **order**	= yo *ordeno*
	(bai) **buy**	= yo *compro*
	(lern) **learn**	= yo *aprendo*
	(stei) **stay**	= yo *me quedo*
	(lIv) **live**	= yo *vivo*
	(spik) **speak**	= yo *hablo*

(ji) **he** *(shi)* **she**	*(or-Derz)* **orders**	= él/ella *ordena*
	(baiz) **buys**	= él/ella *compra*
	(lernz) **learns**	= él/ella *aprende*
	(steiz) **stays**	= él/ella *se queda*
	(lIvz) **lives**	= él/ella *vive*
	(spiks) **speaks**	= él/ella *habla*

Note:
- Con **he** y **she,** agregue una "s" a la forma básica del verbo.
- *(ai)* "**I**" en **English** se escribe siempre con mayúscula.
- Observe que, con "**I,**" no hay cambio en la forma básica del verbo.

¡Algunos verbos no concuerdan con las reglas! Pero no se preocupe . . . le enterderán perfectamente si dice "**speak**" o "**speaks.**" Los estadounidenses se sentirán muy contentos al saber que usted tuvo el interés en aprender su idioma.

Note:
- ¡Con *(yu)* "**you,**" *(ui)* "**we**" **and** *(dei)* "**they,**" no hay ningún cambio!
  usted   nosotros   ellos
- Las formas de los verbos en inglés son muy fáciles y usted puede aprenderlos rápidamente.
- **In English,** hay solamente **one word** para "usted", "ustedes", "tú" y "vosotros": *(yu)* **you.** Esto hará su estudio más fácil.

❐ **moment** *(mo-ment)*	el momento	
❐ **— just a moment** *(Jast)(ei)(mo-ment)*	un momento	
❐ **motor** *(mo-tur)*	el motor	**m**
❐ **museum** *(miu-zi-em)*	el museo	
❐ **music** *(miu-zIk)*	la música	

¡Con **"you," "we" and "they,"** no hay ningún cambio!

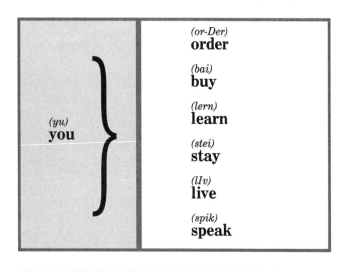

(yu)
you }
- *(or-Der)* **order**
- *(bai)* **buy**
- *(lern)* **learn**
- *(stei)* **stay**
- *(lIv)* **live**
- *(spik)* **speak**

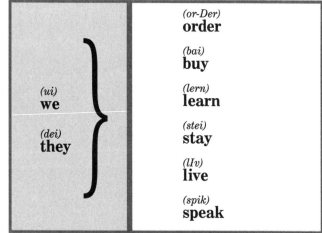

(ui) **we**
(dei) **they** }
- *(or-Der)* **order**
- *(bai)* **buy**
- *(lern)* **learn**
- *(stei)* **stay**
- *(lIv)* **live**
- *(spik)* **speak**

Aquí hay un ejemplo de verbos **-s** ⟶ *(ji)* **he** *ex.* **he speaks**

semejantes y sus sujetos. **-s** ⟶ *(shi)* **she** *ex.* **she orders**

Here are *(sIks)* **six** más *(vurbz)* **verbs.**
aquí · verbos

(kam)
come _____
venir

(go)
go _____
ir

(sei)
say _____
decir

(uant)
want _____
querer

(jeav)
have _____
tener

(niD)
need _____
necesitar

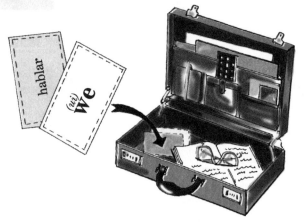

En la parte de atrás de su *(buk)* **book,** encontrará
libro

(twelv) *(peiJ)*
twelve pages de fichas para memorizar.
doce · páginas

Córtelas, llévalas en su maletín, cartera,

bolsillo **or** mochilla; **and** repáselas

dondequiera que **you** tenga un momento libre.

☐ **name** *(neim)* . . . . el nombre
☐ **nation** *(nei-shen)* . . . . la nación
☐ **native** *(nei-tIv)* . . . . nativo
☐ **natural** *(neach-a-rol)* . . . . natural
☐ **necessary** *(nes-e-ser-i)* . . . . necesario

n
_____
_____
_____
_____
_____

Now, lea cada conjugación de verbos en voz alta varias veces antes de escribir sus **forms** *(formz)* formas

respectivas en las líneas en blanco.

(or-Der)
order
ordenar

I _____ a glass of **water.** *(gleas) (av) (ua-ter)* aqua

He _____ a glass of **wine.** *(uain)*
She

You _____ a cup of **tea.** *(kap) (ti)*

We _____ a cup of **coffee.** *(kaf-i)*

They _____ a glass of **milk.** *(mIlk)*

(lern)
learn
aprender

I _____ **English.**

He _____ **Spanish.**
She

You _____ *learn* _____ **Chinese.** *(chai-niz)* chino

We _____ **German.** *(Jer-men)* alemán

They _____ **French.** *(french)* francés

(lIv)
live
vivir

I _____ in the United States.

He _____ in **Australia.** *(a-streil-lla)*
She

You _____ in New **Zealand.** *(nu) (zi-lenD)*

We _____ in **England.** *(Ing-lenD)*

They _____ in **Canada.** *(kean-a-Da)*

(bai)
buy
comprar

I _____ a **book.** *(buk)*

He _____ a **salad.** *(seal-eD)*
She

You _____ *buy* _____ a **car.** *(kar)*

We _____ a **clock.** *(klak)*

They _____ a **lamp.** *(leamp)*

(stei)
stay
quedarse

I _____ in **England.** *(Ing-lenD)*

He _____ in the United **States.** *(yu-nai-tID) (steits)*
She

You _____ in **Australia.** *(a-streil-lla)*

We _____ in **Canada.** *(kean-a-Da)*

They _____ in New **Zealand.** *(nu) (zi-lenD)* Nueva Zelanda

(spik)
speak
hablar

Hello!

I _____ **English.** *(Ing-lIsh)*

He _____ **English.**
She

You _____ **Spanish.** *(spean-Ish)*

We _____ **English.**

They _____ **Spanish.**

☐ **new** *(nu)*	nuevo	_____
☐ **no, not** *(no), (nat)*	no	_____
☐ **normal** *(nor-mal)*	normal	_____
☐ **north** *(nord)*	el norte	_____
☐ **notice** *(no-tIs)*	el aviso	_____

n

Now tome un descanso, camine por el cuarto, respire profundo **and** estudie los próximos **six verbs**.

(kam)
come
venir

I _____ to the United States.

He _____ to **New York**. *(nu) (york)*
She   Nueva York

You _____ to **Chicago**. *(shI-ka-go)*

We _____ to **England**.

They _____ to **London**. *(lan-Den)*
                                       Londres

(sei)
say
decir

> Good Morning

I _____ "good morning."

He _____ " **hello**." *(jel-o)*
She

You _____ " **no**." *(no)*

We _____ " **yes**." *(yes)*
                                   sí

They _____ **nothing**. *(na-dIng)*
                                      nada

(jeav)
have
tener

I _____ one dollar. *(uan) (Dal-er)*

He _____ **fifteen cents**. *(fIf-tin) (sents)*
She

You _____ a **thousand dollars**. *(dau-zenD)*

We _____ *have* _____ **ten dollars**. *(ten)*

They _____ **five cents**. *(faiv)*

(go)
go
ir

I _____ to England.

He _____ to the United States.
She

You _____ to **Spain**. *(spein)*
                                      España
We _____ *go* _____ to **France**. *(freans)*
                                     Francia
They _____ to **China**. *(chai-na)*

(uant)
want
querer

I _____ a glass of wine. *(gleas) (av) (uain)*

He _____ a glass of **red wine**. *(reD) (uain)*
She

You _____ a glass of **white wine**. *(uait)*

We _____ a glass of **milk**. *(mIlk)*

They _____ a glass of **beer**. *(bIr)*

(niD)
need
necesitar

I _____ a **room**. *(rum)*

He _____ a **book**. *(buk)*
She

You _____ a glass of milk.

We _____ a car.

They _____ a clock.

☐ **notion** *(no-shen)* .... el noción _____
☐ **novel** *(nav-el)* .... la novela _____
☐ **November** *(no-vem-ber)* .... noviembre **n** _____
☐ **number** *(nam-ber)* .... el número _____
☐ **nylon** *(nai-lan)* .... el nilón _____

44

Yes, it is difícil acostumbrarse a todas esas **new words**. Pero siga practicando **and** antes que **you** se de cuenta, **you** estará usándolas en forma natural. **Now** es el momento perfecto para ir al final del **book,** cortar las fichas con los verbos **and** comenzar a estudiar. No se salte sus **free words.** _(fri)_

Asegúrese de revisar sus **words** fáciles, tan pronto como **you learn** _(lern)_ cada una. **Now,** vea si **you** _(yu)_ puede rellenar las líneas en blanco abajo. **The correct** _(ko-rekt)_ **answers** _(ean-serz)_ aprenda **are** al pie de **the page.** _(peiJ)_

1. _____
(Yo hablo inglés.)

2. _____
(Nosotros aprendemos el inglés.)

3. _____
(Ellos tienen diez dólares.)

4. _____
(Nosotros necesitamos un cuarto.)

5. _____
(Yo vivo en México.)

6. _____
(Usted compra un libro.)

En los capítulos siguientes, **you** _(yu)_ conocerá más **and** más **verbs and** deberá aprenderlos exactamente como lo hizo en este capítulo. Vea **the new words** en su **dictionary** _(DIk-sha-ner-i)_ **and** trate de diccionario hacer sus propias oraciones. Trate de usar sus **new words** ya que de esa manera aprenderá y podrá usarlas fácilmente en sus vacaciones. Recuerde, mientras más **you practice now,** _(preak-tIs)_ su practique viaje será más placentero. **Good** _(guD)_ **luck!** _(lak)_ buena suerte

45

(uat) (taim) (Iz) (It)
What Time is it?
¿Qué hora es?

(yu) (jau) (Deiz) (uik) (mandz) (yIr)
You sabe **how** decir **the days of the week and the months of the year.** Si viaja **in the United**
días   semana   meses   año

(rez-er-vei-shenz) (pleinz) (jIr)
States, you necesitará decir saber la hora para así hacer **reservations and** tomar **planes. Here**
reservaciones   aviones   aquí

are los "fundamentos."

¿Qué hora es?	=	(uat) (taim) **What time is it?**
antes	=	(bi-for) **before**
después	=	(eaf-ter) **after**
minutos	=	(mIn-Its) **minutes**
y media	=	(jeaf) (peast) **half past**
un cuarto	=	(kuor-ter) **a quarter**
menos cuarto	=	(tu) **a quarter to/before**
y cuarto	=	(kuor-ter) **a quarter after**

Now examínese usted mismo. Complete las letras que faltan a continuación.

minutos = m n t s   antes = b e r e

y cuarto = a ✕ q u a t r ✕ f t

y media = h a l ✕ a s t

¿Qué hora es? = w a t ✕ t i e ✕ i ✕ t ?

☐ **object** (ab-Jekt) . . . . el objeto
☐ **occasion** (o-kei-zhen) . . . . la ocasión
☐ **occupied** (ak-yu-paiD) . . . . ocupado   **O**
☐ **ocean** (o-shen) . . . . el océano
☐ **office** (af-Is) . . . . la oficina

Now complete las líneas en blanco de acuerdo con the *(taim)* time indicada en the *(klaks)* clocks. The *(ean-serz)* answers are al pie de la página. Observe que la frase "o'clock" *(o-klak)* normalmente se dice después de la hora, como en "four o'clock." Simplemente significa "en punto."

It is *(faiv)* five *(o-klak)* o'clock. son

5:00   *It is five o'clock.*

It is ten minutes after *(eaf-ter)* five después

5:10   _____

It is a *(kuor-ter)* quarter after five. cuarto

5:15   _____

It is *(twen-ti)* twenty minutes *(eaf-ter)* after five.

5:20   _____

It is *(jeaf)* half *(peast)* past five.

5:30   _____

It is *(twen-ti)* twenty minutes *(bi-for)* before *(sIks)* six. antes seis

5:40   _____

It is a *(kuor-ter)* quarter *(tu)* to *(sIks)* six.

5:45   _____

It is ten minutes *(bi-for)* before six. antes

5:50   _____

It is six *(o-klak)* o'clock.

6:00   _____

¿Ve usted lo **important** que es saber los *(nam-berz)* **numbers**? **Now** conteste las *(kues-chenz)* **questions** siguientes preguntas basadas en **the** *(klaks)* **clocks** abajo. **What** *(uat)* **time** *(taim)* is it?

1. 8:00   _____

2. 7:15   _____

3. 4:30   _____

4. 9:20   _____

Cuando conteste una pregunta que empieza con **"when,"** *(uen)* / cuándo diga **"at"** *(eat)* / a las antes de decir la hora.

1. **When does the taxi come?** _____
   (uen) / *(Daz)* / *(teak-si)* / *(kam)* — viene
   (a las 6:00)

2. **When does the bus come?** _____
   (Daz) / *(kam)* — viene
   (a las 7:30)

3. **When does the concert begin?** _____
   (uen) / *(Daz)* / *(kan-sert)* / *(bi-gIn)* — concierto / empieza
   (a las 8:00)

4. **When does the film begin?** _____
   (fIlm) — película
   (a las 9:00)

5. **When does the restaurant open?** _____
   (o-pen) — abre
   (a las 11:30)

6. **When does the bank open?** _____
   (beank) — banco
   (a las 8:30)

7. **When does the bank close?** _____
   (kloz) — cierra
   (a las 5:30)

8. **When does the restaurant close?** _____
   (kloz) — cierra
   (a las 10:30)

Here is un examen rápido. Complete las líneas en blanco **with the correct** **numbers.** *(nam-berz)*

9. A **minute has** _____ **seconds.**
   (mIn-It) / *(jeaz)* — minuto / tiene / (?) / segundos *(sek-enDz)*

10. An **hour has** _____ **minutes.**
    (aur) / *(jeaz)* — hora / tiene / (?) *(mIn-Its)*

11. A **week has** _____ **days.**
    (uik) — semana / (?) / días *(Deiz)*

12. A **year has** _____ **months.**
    (yIr) — año / (?) / meses *(mandz)*

13. A **year has** _____ **weeks.**
    (?) / semanas *(uiks)*

14. A **year has** _____ **days.**
    (?)

ANSWERS

1. at six o'clock	
2. at half past seven	9. sixty
3. at eight o'clock	10. sixty
4. at nine o'clock	11. seven
5. at half past eleven	12. twelve
6. at half past eight	13. fifty-two
7. at half past five	14. three hundred sixty-five
8. at half past ten	

¿Se acuerda de los saludos? Es un buen momento para revisarlos ya que siempre serán importantes.

(eat) *(eit)* *(o-klak)* *(mor-nIng)* *(uan)* *(sez)* *(mIs-Iz)* *(lu-Is)*
At eight o'clock in the morning, one says "Good morning, Mrs. Lewis."
dice   Señora

(uat) *(Du)* *(ui)* *(sei)*
What do we say? _____ *Good morning, Mrs. Lewis.*
qué   decimos

(eat) *(eaf-ter-nun)* *(sez)* *(mIs-ter)*
At one o'clock in the afternoon, one says, "Good afternoon, Mr. King."
tarde   Señor

What do we say? _____
nosotros

(eat) *(iv-nIng)* *(sez)* *(mIs)*
At eight o'clock in the evening, one says, "Good evening, Miss Bell."
noche   dice   Señorita

(sei)
What do we say? _____

(ten) *(o-klak)* *(nait)* *(su-san)*
At ten o'clock in the evening, one says, "Good night, Susan."
buenas   noches

What do we say? _____

(sam) *(dIngz)* *(jeav)* *(DIf-er-ent)*
Some things have different names in England que **in the United States.** Dependiendo en
algunas   cosas   tienen

dónde **you travel, you** probablemente oirá **one of the** *(fal-o-Ing)* **following words.**
siguientes

Español	English/United States	English/England
correo	*(meil)* **mail**	*(post)* **post**
gasolina	*(geas-a-lin)* **gasoline**	*(pet-rol)* **petrol**
servilleta	*(neap-kIn)* **napkin**	*(ser-vi-et)* **serviette**
suéter	*(suet-er)* **sweater**	*(Jamp-er)* **jumper**
ascensor	*(el-a-vei-tor)* **elevator**	*(lIft)* **lift**

☐ **olive** *(al-Iv)* . . . . la oliva, la aceituna _____
☐ **opera** *(ap-ra)* . . . . la ópera _____
☐ **opportunity** *(ap-er-tu-ne-ti)* . . . . la oportunidad **o** _____
☐ **ordinary** *(or-De-ner-i)* . . . . ordinario _____
☐ **original** *(a-rIJ-a-nol)* . . . . original _____

Here are dos *(vurbz)* **verbs** nuevos para el capítulo 13.

(it)
eat _____
comer

(DrInk)
drink _____
beber

(it)
eat
comer

(DrInk)
drink
beber

I _____ the *(sup)* **soup.**
sopa

He _____ a *(steik)* **steak.**
She   bistec

You _____ *eat* _____ a *(lat)* **lot.**
mucho

We _____ *(na-dIng)* **nothing.**
nada

They _____ the *(fIsh)* **fish.**
pescado

I _____ the **milk.**

He _____ *(uait)* *(uain)* **white wine.**
She

You _____ **beer.**

We _____ a *(gleas)* **glass of** *(ua-ter)* **water.**

They _____ **tea.**

Como **you** probablemente lo ha notado, el sonido de la letra "a" en inglés varía enormemente.

Here are algunos ejemplos.

(tek-ses) **Texas**	*(kean-a-Da)* **Canada**	*(salt)* **Salt** *(leik)* **Lake** *(sI-ti)* **City**	*(Ing-lenD)* **England**	*(yu-ta)* **Utah**

☐ **package** *(peak-IJ)* . . . . el paquete _____
☐ **page** *(peiJ)* . . . . la página _____
☐ **paint** *(peint)* . . . . la pintura   **p** _____
☐ **pair** *(per)* . . . . el par _____
☐ **— pair of shoes** *(per)(av)(shuz)* . . . . un par de zapatos _____

50

You ha aprendido muchas cosas en los últimos capítulos **and** eso significa que es hora de tomar una prueba. No se asuste, **this is** solamente para **you and** nadie más necesita saber **how you** *(dIs)* *(jau)* recuerda **and what you** *(uat)* necesita estudiar con más detención. Después de que **you** termine, revise sus **answers** *(ean-serz)* en el glosario al final del **book**. Marque con un círculo **the correct answers**.

<small>respuestas</small>

coffee -	té	café
no -	sí	no
aunt -	tía	tío
or -	y	o
learn -	beber	aprender
night -	tarde	noche
Tuesday -	viernes	martes
speak -	hablar	vivir
summer -	invierno	verano
money -	dinero	página
ten -	diez	nueve
many -	muchos	pan

family -	siete	familia
children -	niños	abuelo
milk -	cerveza	~~leche~~
salt -	pimienta	sal
under -	debajo de	sobre
doctor -	hombre	doctor
June -	junio	julio
kitchen -	cocina	religión
I have -	yo quisiera	yo tengo
stay -	ir	quedarse
yesterday -	ayer	mañana
closed -	abierto	cerrado

How are you?   ¿Qué hora es?   ¿Cómo está usted?   Bueno, **how are you** después de

este examen?

☐ **pants** *(peants)* . . . . los pantalones _____
☐ **paper** *(pei-per)* . . . . el papel _____
☐ **pardon** *(par-Den)* . . . . el perdón **p** _____
☐ **park** *(park)* . . . . el parque _____
☐ **part** *(part)* . . . . la parte _____

14 *(nord)* *(saud)* *(ist)* *(uest)*
North - South, East - West
norte   sur   este   oeste

Si **you** está mirando **a** *(meap)* **map and you** ve las **words** siguientes, no debería ser *(ver-i)* **very** *(DIf-a-kalt)* **difficult**
mapa   difícil

saber *(uat)* **what** *(dei)* **they** significan. Adivínelas usando la lógica.

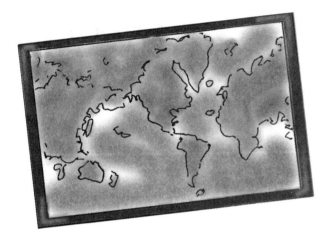

(nord) *(a-mer-a-ka)*   *(saud)* *(a-mer-a-ka)*
North America   **South America**

(nord) *(pol)*   *(saud)* *(pol)*
North Pole   **South Pole**

(ist) *(kost)*   *(uest)* *(kost)*
East Coast   **West Coast**

(nor-dern) *(air-lenD)*   *(af-ra-ka)*
Northern Ireland   **South Africa**

The English words for "norte," "sur," "este" y "oeste" **are** fáciles de reconocer debido a **the**
(sIm-a-ler-a-tiz)   *(ver-i)* *(Im-por-tent)*   *(tu-Dei)*
similarities al **Spanish.** Estas **words are very important.** ¡Apréndalas **today!**

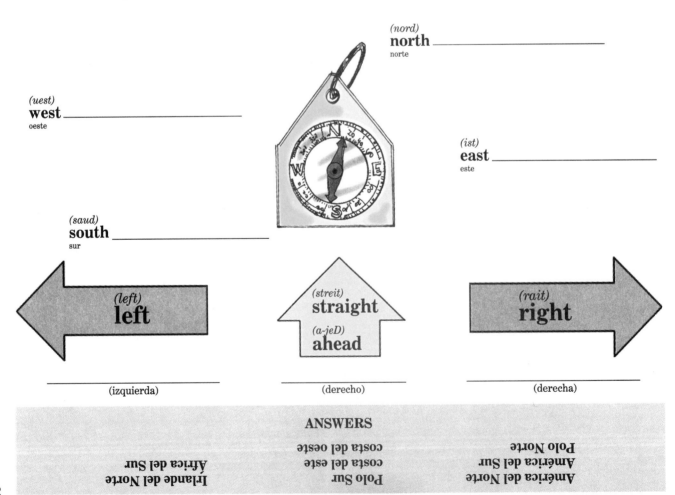

(nord)
north _____
norte

(uest)
west _____
oeste

(ist)
east _____
este

(saud)
south _____
sur

(left)
left

(streit)
straight
(a-jeD)
ahead

(rait)
right

_____ (izquierda)   _____ (derecho)   _____ (derecha)

Así como **in Spanish,** estas **words** le ayudarán mucho.

(pliz)
please _____
por favor

(deank) *(yu)*
thank you _____
gracias

(eks-kiuz) *(mi)*
excuse me _____
perdóneme

(yor) *(uel-kam)*
you're welcome _____
¡no hay de que!

(jIr) *(tu)* *(tIp-a-kol)* *(kan-ver-sei-shenz)*
Here are two typical conversations for una persona que está buscando un sitio particular.
típicas conversaciones para

Ed:
(eks-kiuz) *(mi)* *(uer)* *(tau-er)* *(jo-tel)*
Excuse me. Where is the Tower Hotel?
perdóneme torre

Excuse me. Where is the Tower Hotel?

Pam:
(go) *(mor)* *(blaks)* *(turn)* *(left)* *(sek-enD)* *(strit)*
Go two more blocks and turn to the left at the second street.
vaya más cuadras de vuelta segunda calle

_____

(rait)
The Tower Hotel is on the right.

_____

Anne:
(eks-kiuz) *(mi)* *(uaks)* *(miu-zi-em)*
Excuse me. Where is the Wax Museum?
perdóneme cera museo

_____

Tom:
(rait) *(jIr)* *(kan-tIn-yu)* *(streit)* *(a-jeD)* *(a-prak-sa-mIt-li)* *(fit)*
Turn to the right here and continue straight ahead approximately 50 feet.
de vuelta continúe aproximadamente pies

_____

(den) *(left)* *(miu-zi-em)* *(kor-ner)*
Then turn to the left and the museum is on the corner.
luego esquina

_____

☐ **party** *(part-i)* . . . . el partido
☐ **passenger** *(peas-en-Jer)* . . . . el pasajero
☐ **passport** *(peas-port)* . . . . el pasaporte   **p**
☐ **peace** *(pis)* . . . . la paz
☐ **period** *(pIr-i-ID)* . . . . el período

¿Está usted perdido? No debería estar perdido si **you** aprendió las **direction words** *(DI-rek-shen)* básicas.
dirección

No trate de memorizar estas **conversations** *(kan-ver-sei-shenz)* porque probablemente **you** nunca necesitará encontrar

exactamente estos lugares. Algún día, **you** necesitará posiblemente pedir **directions** al **Silver** *(sIl-ver)*
plata

Spoon Restaurant or the Denver Art Museum. *(spun)* *(Den-ver)* *(art)* Aprenda **the direction words** *(DI-rek-shen)* claves **and**
cuchara   museo de arte

llegará sin problemas a su **destination.** *(Des-te-nei-shen)* **You** quizás quiera comprar una guía para comenzar a
destino

planear a qué lugares **you** le gustaría visitar. Practique pidiendo instrucciones de cómo llegar a

estos lugares especiales. ¿Qué haría usted si **the person** *(per-san)* con quien está hablando respondiera muy
persona

rápido a su **question** *(kues-chen)* y usted no puede comprender todo? Simplemente pregunte otra vez, diciendo,
pregunta

Excuse me. *(eks-kiuz)* *(mi)* **I** *(ai)* **do** *(Du)* **not** *(nat)* **understand.** *(an-Der-steanD)* **Please speak** *(pliz)* *(spik)* **slowly** *(slo-li)* **and repeat** *(ri-pit)* **your** *(yor)* **answer.**
perdóneme   yo   no   comprendo   despacio   repita
Thank you. *(deank)* *(yu)*
gracias

Now, dígalo una vez más **and then** escríbalo abajo.

_____

(Perdóneme. No comprendo. Por favor hable despacio y repita la respuesta.)

Yes, it is difficult al principio, pero no se de por vencido. **When** le repitan las instrucciones,

you podrá entender si es que **you** ha aprendido las preguntas claves. Repasemos.

derecha

(norte)

(oeste)   (este)

izquierda

(sur)

☐ **person** *(per-san)* . . . . la persona   _____
☐ **piano** *(pi-ean-o)* . . . . el piano   _____
☐ **plan** *(plean)* . . . . el plan   **p**   _____
☐ **plant** *(pleant)* . . . . la planta   _____
54 ☐ **plate** *(pleit)* . . . . el plato   _____

(jIr) *(nu)* *(vurbz)*
Here are four new verbs.
nuevos   verbos

(ueit) *(for)*
wait for _____
esperar

(sel)
sell _____
vender

(an-Der-steanD)
understand _____
comprender

(ri-pit)
repeat _____
repetir

Como de costumbre, diga cada oración en voz alta. Diga cada una de **the words** cuidadosamente,

pronunciando cada sonido en **English** lo mejor que **you** pueda.

(ueit) *(for)*
wait for
esperar

I _____ the **plane.** *(plein)*

He _____ the **train.** *(trein)*
She   tren

You _*wait for*_____ the **taxi.**

We _____ **Mike in the restaurant.** *(maik)* *(In)*

They _____ **Linda at the hotel.** *(lIn-Da)* *(eat)*

(an-Der-steanD)
understand
comprender

I _____ **English.**

He _____ **Spanish.**
She

You _____ **French.** *(french)*

We _____ the **menu.** *(men-yu)*

They _____ **Chinese.** *(chai-niz)*
chino

(sel)
sell
vender

I _____ **flowers.** *(flau-erz)*

He _____ **fruit.** *(frut)*
She   fruta

You _____ a **jacket.** *(Jeak-et)*
chaqueta

We _____ **bananas.** *(ba-nean-az)*
plátanos

They _____ a **lot of tickets.** *(ei)* *(lat)* *(av)* *(tIk-ets)*
muchos   billetes

(ri-pit)
repeat
repetir
What? What? What?

I _____ the **word.**

He _____ the **answer.**
She

You _____ the **names.**

We _*repeat*_____ the **lesson.** *(les-en)*
lección

They _____ the **verbs.**

☐	**point** *(point)*	el punto
☐	**— viewpoint** *(viu-point)*	el punto de vista
☐	**police** *(po-lis)*	policía
☐	**port** *(port)*	el puerto
☐	**possible** *(pas-a-bol)*	posible

p

_____
_____
_____
_____
_____

15

(ap-sterz)   *(Daun-sterz)*
Upstairs - Downstairs
arriba   abajo

(ui)   *(lern)*   *(mor)*   *(jIr)*   *(jaus)*
Now we   **learn more words.** **Here is a house in the United States.** Vaya a su **bedroom and**
nosotros   aprendemos   más   casa

(rum)   *(neimz)*   *(dIngz)*
mire alrededor de **the room.** Aprendamos **the names of the things in the bedroom,** así como
cuarto   cosas

(ui)   *(jaus)*
we aprendimos las varias partes de **the house.**

(beD-rum)   *(ap-sterz)*
The bedroom is upstairs.
dormitorio   arriba

(kla-set)
closet _____
ropero

(beD)
bed _____
cama

(pIl-o)
pillow _____
almohada

(bleing-kIt)
blanket _____
cobija/manta

(a-larm)   *(klak)*
alarm clock _____
despertador

(lIv-Ing) *(rum)*   *(Daun-sterz)*
The living room is downstairs.
sala   abajo

(dónde)

_____ **is the bedroom?**
(dónde)

☐ **practice** *(preak-tIs)* . . . . la práctica
☐ **precious** *(presh-es)* . . . . precioso
☐ **precise** *(pri-sais)* . . . . preciso   **p**
☐ **prepare** *(pre-per)* . . . . preparar
☐ **present** *(prez-ent)* . . . . presente

Despegue los **five** autoadhesivos **and** péguelos en estas **things in** su **bedroom.** Entremos en **the bathroom and** hagamos lo mismo. Recuerde, aunque **bathroom** significa un cuarto de baño, también significa un cuarto con un excusado. Si **you are in a restaurant and** *(res-ta-rant)* **you** *(yu)* **need** usar el excusado, **you** quiere preguntar por **the restrooms.** *(rest-rumz)* **Public** *(pab-lIk)*
servicios   públicos

restrooms *(rest-rumz)* están marcados **M̲ and W̲.** No los vaya a confundir.

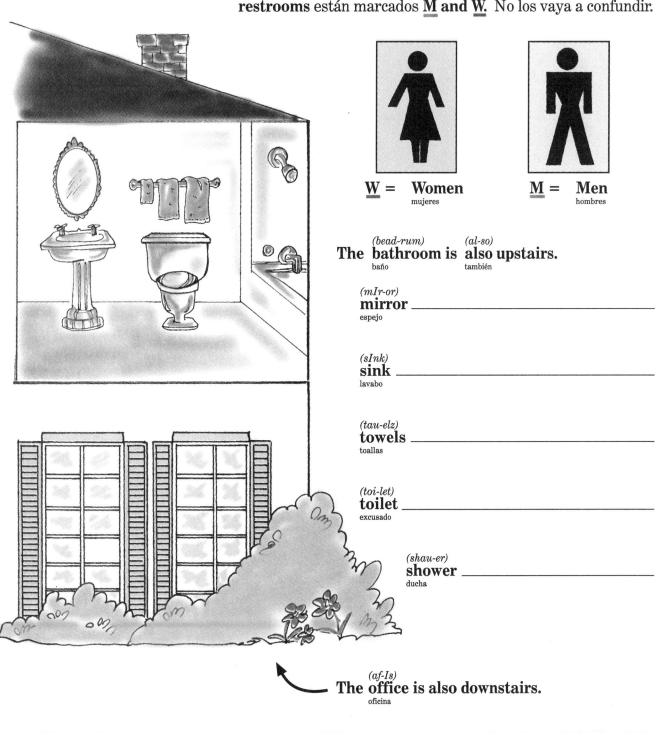

W̲ = Women
mujeres

M̲ = Men
hombres

The bathroom is also upstairs. *(bead-rum)* *(al-so)*
baño   también

mirror *(mIr-or)* _____
espejo

sink *(sInk)* _____
lavabo

towels *(tau-elz)* _____
toallas

toilet *(toi-let)* _____
excusado

shower *(shau-er)* _____
ducha

The office is also downstairs. *(af-Is)*
oficina

☐ **price** *(prais)* . . . . el precio
☐ **problem** *(prab-lem)* . . . . el problema
☐ **product** *(praD-ekt)* . . . . el producto
☐ **professor** *(pro-fes-er)* . . . . el profesor
☐ **program** *(pro-gream)* . . . . el programa

p _____
_____
_____
_____
_____

57

No se olvide de despegar el próximo grupo de autoadhesivos **and** de ponerlos en las cosas de su **bathroom.** Muy bien, es hora de repasar. Aquí hay un rápido examen para ver qué es lo que **you** recuerda.

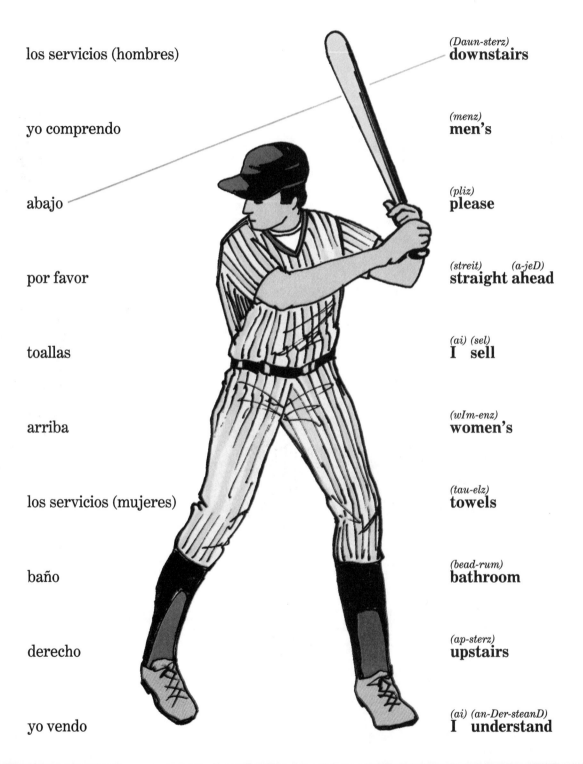

los servicios (hombres)

(Daun-sterz)
downstairs

yo comprendo

(menz)
men's

abajo

(pliz)
please

por favor

(streit) *(a-jeD)*
straight ahead

toallas

(ai) *(sel)*
I sell

arriba

(wIm-enz)
women's

los servicios (mujeres)

(tau-elz)
towels

baño

(bead-rum)
bathroom

derecho

(ap-sterz)
upstairs

yo vendo

(ai) *(an-Der-steanD)*
I understand

❐ **prohibited** *(pro-jIb-I-tID)* . . . . prohibido   _____
❐ **promise** *(pram-Is)* . . . . la promesa   _____
❐ **prompt** *(pramt)* . . . . pronto, puntual   **p**   _____
❐ **pronunciation** *(pro-nan-si-ei-shen)* . . . . la pronunciación   _____
58 ❐ **public** *(pab-lIk)* . . . . público   _____

La próxima parada — **the** office *(af-Is)* oficina, específicamente **the** table *(tei-bol)* **or the** desk *(Desk)* escritorio **in the office.** **What is**

on the desk? Identifiquemos **the things** que normalmente se encuentran **on the desk or** *(Desk)*

esparcidas por **the** house. *(jaus)*

(tel-e-vI-shen)
television
televisión

(pen-sol)
pencil
lápiz

(pen)
pen
pluma

(kam-pu-ter)
computer
computadora

(pei-per)
paper
papel

(treash) (kean)
trash can
cesto para papeles

trash can

(nuz-pei-per)
newspaper
periódico

(meag-a-zin)
magazine
revista

(glea-sez)
glasses
gafas

(buk)
book
libro

☐	**radio** *(rei-Di-o)*	la radio	
☐	**rapid** *(rea-pID)*	rápido	
☐	**rare** *(rer)*	raro	**r**
☐	**reason** *(ri-zen)*	razón	
☐	**recipe** *(res-e-pi)*	la receta	

No olvide estos esenciales.

(let-er)
letter
carta

(steamp)
stamp
timbre/sello

(post-karD)
postcard
tarjeta postal

From

To

HOLLYWOOD

DIRECTOR

Mrs. Susan Scott
8555 Broadway
Apartment #10
San Antonio, TX
78209 USA

_____ (carta)   _____ (timbre)   _____ (tarjeta postal)

You puede comprar sobres aéreos especiales **or** aerogramas que son más baratos para mandar al extranjero. **In the United States,** cada estado tiene una abreviación. **For example,** el estado de California se abrevia **CA and** Texas se abrevia **TX.** No se olvide de escribir la ciudad **and** el estado en toda su correspondencia así como el código postal. El código postal (**zip code** *(zIp) (koD)*) es **a number with five** dígitos que debe ser incluído en la dirección.

Now, pegue los autoadhesivos en estas **things in your office.** *(af-Is)* No se olvide de decir estas **words** en voz alta cuando **you** las **write,** *(rait)* escribe **you** las vea **or you** pega los autoadhesivos. Recuerde **not** *(nat)* no **is** muy útil **in English.** Simplemente agregue **not** para convertir una oración al negativo.

(wuD) *(gleas)*
I would like a glass of wine.

(nat)
I would not like a glass of wine.

Simple, ¿no es así? **Now,** después que complete los espacios en blanco en la página siguiente,

☐ **receipt** *(rI-sit)* . . . . el recibo   _____
☐ **region** *(ri-Jen)* . . . . la región   _____
☐ **regular** *(reg-yu-ler)* . . . . regular **r**   _____
☐ **religion** *(ri-lIJ-en)* . . . . la religión   _____
☐ **repair** *(ri-per)* . . . . la reparación   _____

vuelva atrás una segunda vez y convierta a negativo todas las oraciones agregando " **not**."

Practique diciendo las oraciones en voz alta varias veces. No se desanime. Tan sólo vea cuánto **you** ha aprendido **and** piense en las hamburguesas, posiblemente un parque de diversiones **and** muchas aventuras.

(si)
see _____
ver

(slip)
sleep _____
dormir

(senD)
send _____
mandar

(fainD)
find _____
encontrar

(si)
see
ver

I _____ the Statue *(stea-tiu)* of Liberty *(lIb-er-ti)*.
Estatua   de   la Libertad

He _____ the Houses *(jaus-ez)* of Parliament *(par-le-ment)*.
She   Parlamento

You _____ the White *(uait)* House *(jaus)*.
La Casa Blanca

We _____ the Pacific *(pa-sI-fIK)* Ocean *(o-shen)*.
Océano Pacífico

They _____ the Tower *(tau-er)* of London *(lan-Den)*.
Torre   de   Londres

(senD)
send
mandar

I _____ the letter *(let-er)*.
carta

He _____ the postcard *(post-karD)*.
She

You __ *send* ____ the book *(buk)*.

We _____ four *(for)* postcards.

They _____ three letters *(dri)*.

(slip)
sleep
dormir

I _____ in the bedroom *(beD-rum)*.

He _____ in the bed.
She

You _____ in the hotel.

We _____ in the house *(jaus)*.

They_____ under the blanket *(bleing-kIt)*.
cobija/manta

(fainD)
find
encontrar

I _____ the stamp *(steamp)*.

He _____ the newspaper *(nuz-pei-per)*.
She   periódico

You _____ the glasses *(glea-sez)*.
gafas

We _____ the magazine *(meag-a-zin)*.
revista

They _____ the flowers *(flau-erz)*.

☐ **repeat** *(ri-pit)* . . . . repetir _____
☐ **— please repeat** *(pliz)(ri-pit)* . . . . repita por favor _____
☐ **reservation** *(rez-er-vei-shen)* . . . . la reservación **r** _____
☐ **residence** *(rez-e-Dens)* . . . . la residencia _____
☐ **respect** *(rI-spekt)* . . . . el respeto _____

Antes que **you** continúe **with** el próximo capítulo, **please identify** los objetos **below.**

(nuz-pei-per)
newspaper

(steamp)
stamp

(treash) *(kean)*
trash can

(post-karD)
postcard

(buk)
book

(pei-per)
paper

(pen)
pen

(pen-sol)
pencil

(let-er)
letter

(glea-sez)
glasses

(meag-a-zin)
magazine

(tel-e-vI-shen)
television

(kam-pu-ter)
computer

☐ **rest** *(rest)*	el resto		
☐ **restaurant** *(res-ta-rant)*	el restaurante		
☐ **rich** *(rIch)*	rico	**r**	
☐ **rose** *(roz)*	la rosa		
☐ **route** *(raut)*	la ruta		

The Mail
(meil)

correo

You now sabe contar, hacer **questions,** usar **verbs with** la "fórmula de conexión," hacer oraciones **and** describir algunas cosas, la dirección de **a hotel or the** *(kal-ur)* **color of a house.** Tomemos las partes básicas que **you have** aprendido **and** aumentémoslas en áreas especiales que le ayudarán mucho en sus viajes. ¿Qué es lo que hace una persona cuando está de vacaciones? ¡Manda **postcards,** por supuesto! Aprendamos exatamente cómo funciona **the American** *(post)* **post** *(af-Is)* **office.**

oficina de correos

(meil)
the mail . . .

(yu-nai-tID) (steits)
to the United States

(Ing-lenD)
to England

(nu) (zi-lenD)
to New Zealand

(kean-a-Da)
to Canada

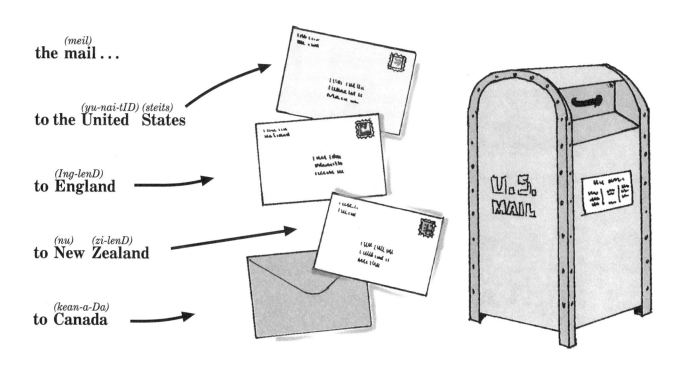

(af-Is)
At the post office you can buy *(steamps)* **stamps, and** *(meil)* **mail** *(post-karDz)* **postcards,** *(let-erz)* **letters and** *(peak-I-Jez)* **packages.** Si usted

oficina de correos · timbres · enviar · paquetes

(tel-e-gream)
quiere mandar **a telegram,** usted necesita ir **to the** *(tel-e-greaf)* **telegraph** *(af-Is)* **office or** llamar **the office** *(fram)* **from**

telegrama · oficina telegráfica

(yor)
your hotel. The post office is *(klozD)* **closed on Sundays.**

su · cerrado

☐	**sack** *(seak)*	el saco	
☐	**salary** *(seal-e-ri)*	el salario	
☐	**salmon** *(sam-en)*	el salmón	**S**
☐	**salt** *(salt)*	la sal	
☐	**salute** *(sa-lut)*	el saludo	

Here are algunas **words** necesarias **for the post office.**
oficina de correos

(let-er)
letter

(post-karD)
postcard

(peak-IJ)
package
paquete

(tel-e-gream)
telegram

(er-meil)
airmail
por avión

(feaks)
fax
fax

(steamp)
stamp

(tel-e-fon) *(bud)*
telephone booth
cabina

(meil-baks)
mailbox
buzón

(tel-e-fon)
telephone

La próxima parada — haga **questions** como aquellas **below**, *(bi-lo)* dependiendo de lo que **you want.** *(uant)*
abajo   quiere

Repita en voz alta estas oraciones varias veces.

(uer) (kean) (ai)(bai)
Where can I buy stamps? _____

(ai)(bai)
Where can I buy a postcard? _____

(ei)
Where is a telephone? _____

(meil-baks)
Where is a mailbox? _____
buzón

(bud)
Where is a telephone booth? _____
cabina

(ai)(senD) (peak-IJ)
Where can I send a package? _____
paquete

(kean) (meik) (kal)
Where can I make a telephone call? _____
puedo   hacer   llamada

(jau) (mach) (kast)
How much does it cost? _____
¿Cuánto cuesta?

Now, interróguese usted mismo. Vea si **you** puede traducir las oraciones siguientes al **English.**

1.   ¿Dónde hay una cabina de teléfono? _____

2.   ¿Dónde puedo llamar por teléfono? _____

3.   ¿Dónde puedo hacer una llamada local? _____

4.   ¿Dónde está la oficina de correos? _____

5.   ¿Dónde puedo comprar timbres? _____

6.   ¿Timbres de correo aéreo? _____

7.   ¿Dónde puedo mandar un paquete? _____

8.   ¿Dónde puedo mandar un fax? _____

ANSWERS

1.   Where is a telephone booth?
2.   Where can I make a telephone call?
3.   Where can I make a local telephone call?
4.   Where is the post office?
5.   Where can I buy stamps?
6.   Airmail stamps?
7.   Where can I send a package?
8.   Where can I send a fax?

65

Here are more verbs.

(meik)
make _____

(sho)
show _____
mostrar

(rait)
write _____
escribir

(pei)
pay _____
pagar

Practique estos verbos no sólo completando los espacios en blanco, pronúncielos en voz alta

muchas, muchas veces hasta que se sienta cómodo con los sonidos y las palabras.

(meik)
make
hacer

I _____ a call.
(kal)
llamada

He _____ a telephone call.
She
(tel-e-fon)

You _____ a call to New York.

We _____ a local call.
(lo-kol)

They _____ many telephone calls.
(men-i) *(kalz)*
muchos

(rait)
write
escribir

I _____ a letter.

He _____ a lot.
She
(ei) *(lat)*

You _____ your signature.
(yor) *(sIg-na-chur)*
firma

We _____ a telegram.
(tel-e-gream)

They _____ nothing.
(na-dIng)

(sho)
show
mostrar

I _____ you the book.

He *shows* _____ you the desk.
She
(Desk)

You _____ me the ocean.
(mi) *(o-shen)*
me   océano

We _____ you the letter.

They _____ me the post office.
(mi)

(pei)
pay
pagar

I _____ the restaurant bill.
(bIl)
cuenta

He _____ the tax.
She
(taks)
impuesto

You _____ the hotel bill.
(bIl)

We _____ the price.
(prais)
precio

They _____ nothing.

☐ **secretary** *(sek-ra-ter-i)* .... la secretaria _____
☐ **section** *(sek-shen)* .... la sección _____
☐ **selection** *(sI-lek-shen)* .... la selección   **s** _____
☐ **September** *(sep-tem-ber)* .... septiembre _____
66 ☐ **service** *(ser-vIs)* .... el servicio _____

Algunas de estas señas **you** probalemente las reconozca, pero tómese unos cuantos minutos para revisarlas de todas maneras.

Wrong Way
camino erróneo

No Parking
no estacionar

Do Not Enter
no entrar

Hospital

Yield
ceder el paso

Speed Limit
límite de velocidad

Handicap Access
acceso para personas desabilitadas

No Passing
no pasar

Stop
pare

DETOUR
desvío

Lo que sigue son **conversiones aproximadas** para que cuando **you** pida algo por galones, libras **or** onzas **you** tenga una idea de lo que debe esperar **and** no le den un caramelo cuando **you** pensó que **you** pidió una bolsa entera.

Para Convertir		Saque la Cuenta		
litros (l) a galones, galones a litros,	multiplique por 0.26 multiplique por 3.79	4 litros x 0.26 10 gal. x 3.79	= =	1.04 galones 37.9 litros
kilogramos (kg) a libras, libras a kilogramos,	multiplique por 2.2 multiplique por 0.46	2 kilogramos x 2.2 = 10 libras x 0.46	 =	4.4 libras 4.6 kgs.
gramos (g) a onzas, onzas a gramos,	multiplique por 0.035 multiplique por 28.35	100 gramos x 0.035 = 10 onzas x 28.35	 =	3.5 onzas 283.5 gms.
metros (m) a pies, pies a metros,	multiplique por 3.28 multiplique por 0.3	2 metros x 3.28 6 pies x 0.3	= =	6.56 pies 1.8 metros

Para entretenerse, tome su peso en kilogramos **and** coviértalo a libras. Luego tome su estatura en metros **and** conviértala a pies. ¿Cuántas millas hay desde su casa a la escuela, el trabajo, el correo?

Las Versiones Sencillas		
un litro	=	aproximativamente un US cuarto de galón
cuatro litros	=	aproximativamente un US galón
un kilogramo	=	aproximativamente 2.2 libras
100 gramos	=	aproximativamente 3.5 onzas
500 gramos	=	un poco más de una libra
un metro	=	un poco más de tres pies

La distancia entre **New York and Madrid** is 3,758 millas. ¿Cuántos kilómetros son? **It is 6,460** millas entre **San Francisco and Buenos Aires**. ¿Cuántos kilómetros son?

kilómetros (km) a millas, millas a kilómetros,	multiplique por 0.62 multiplique por 1.6	1000 kms. x 0.62 1000 millas x 1.6	= =	620 millas 1,600 kms.

Pulgadas 1	2	3	4	5	6	7

Para convertir centímetros a pulgadas, multiplique por 0.39   Ejemplo: 9 cms. x 0.39 = 3.51 pul.

Para convertir pulgadas a centímetros multiplique por 2.54   Ejemplo: 4 pul. x 2.54 = 10.16 cms.

cm 1	2	3	4	5	6	7	8	9	10	11	12	13	14	15	16	17	18

FRASES DE CORTESÍA

buenos días	**good morning**	*(guD)(mor-nIng)*
buenas tardes	**good afternoon/**	*(guD)(eaf-ter-nun)/*
	good day	*(guD)(Dei)*
buenas noches	**good evening/**	*(guD)(iv-nIng)/*
	good night	*(guD)(nait)*
hola	**hello**	*(jel-o)*
por favor	**please**	*(pliz)*
gracias	**thank you**	*(deank)(yu)*
de nada	**you're welcome**	*(yor)(uel-kam)*
perdóneme	**excuse me**	*(eks-kiuz)(mi)*
lo siento	**I'm sorry.**	*(aim)(sar-i)*
sí	**yes**	*(yes)*
no	**no**	*(no)*
hombre	**male/man**	*(meil)/(mean)*
mujer	**female/woman**	*(fi-meil)/(wum-an)*
Mi nombre es…	**My name is …**	*(mai)(neim)(Iz)*
¿Cómo se llama?	**What is your name?**	*(uat)(Iz)(yor)(neim)*
Soy de los Estados Unidos.	**I'm from the U.S.A.**	*(aim)(fram)(di)(yu-s-ei)*
¿De dónde es usted?	**Where are you from?**	*(uer)(ar)(yu)(fram)*
Yo quisiera…	**I would like …**	*(ai)(wuD)(laik)*
Tengo …	**I have …**	*(ai)(jeav)*
¿Habla inglés?	**Do you speak English?**	*(Du)(yu)(spik)(Ing-lIsh)*
Sí entiendo/ comprendo.	**I understand.**	*(ai)(an-Der-steanD)*
No entiendo/ comprendo.	**I do not understand.**	*(ai)(Du)(nat) (an-Der-steanD)*
Repita por favor.	**Please repeat.**	*(pliz)(ri-pit)*

NÚMEROS ESENCIALES

cero	**zero**	*(zIr-o)*
uno	**one**	*(uan)*
dos	**two**	*(tu)*
tres	**three**	*(dri)*
cuatro	**four**	*(for)*
cinco	**five**	*(faiv)*
seis	**six**	*(sIks)*
siete	**seven**	*(se-ven)*
ocho	**eight**	*(eit)*
nueve	**nine**	*(nain)*
diez	**ten**	*(ten)*
11	**eleven**	*(I-lev-en)*
12	**twelve**	*(twelv)*
13	**thirteen**	*(dur-tin)*
14	**fourteen**	*(for-tin)*
15	**fifteen**	*(fIf-tin)*
16	**sixteen**	*(sIks-tin)*
17	**seventeen**	*(se-ven-tin)*
18	**eighteen**	*(ei-tin)*
19	**nineteen**	*(nain-tin)*
20	**twenty**	*(twen-ti)*
30	**thirty**	*(dur-ti)*
40	**forty**	*(for-ti)*
50	**fifty**	*(fIf-ti)*
60	**sixty**	*(sIks-ti)*
70	**seventy**	*(se-ven-ti)*
80	**eighty**	*(ei-ti)*
90	**ninety**	*(nain-ti)*
100	**one hundred**	*(uan)(jan-DreD)*
500	**five hundred**	*(faiv)(jan-DreD)*
1,000	**one thousand**	*(uan)(dau-zenD)*
5,000	**five thousand**	*(faiv)(dau-zenD)*

PREGUNTAS CLAVES

¿quién?	**who**	*(ju)*
¿Quién es ese?	**Who is that?**	*(ju)(Iz)(deat)*
¿qué?	**what**	*(uat)*
¿Qué es eso?	**What is that?**	*(uat)(Iz)(deat)*
¿por qué?	**why**	*(uai)*
¿cuándo?	**when**	*(uen)*
¿cómo?	**how**	*(jau)*
¿Cómo estás?	**How are you?**	*(jau)(ar)(yu)*
¿cuánto?	**how much**	*(jau)(mach)*
¿Cuánto cuesta?	**How much does that cost?**	*(jau)(mach)(Daz) (deat)(kast)*
¿dónde?	**where**	*(uer)*
¿Dónde está el…	**Where is the…**	*(uer)(Iz)(di)*
banco?	**bank?**	*(beank)*
hotel?	**hotel?**	*(jo-tel)*
restaurante?	**restaurant?**	*(res-ta-rant)*
excusado?	**restroom?**	*(rest-rum)*
taxi?	**taxi?**	*(teak-si)*
buzón/correo?	**mailbox?**	*(meil-baks)*

EMERGENCIAS ESENCIALES

no entrar/pasar	**do not enter**	*(Du)(nat)(en-ter)*
Estoy perdido.	**I'm lost.**	*(aim)(last)*
Se me perdió mi…	**I lost my…**	*(ai)(last)(mai)*
auxilio	**help**	*(jelp)*
policía	**police**	*(po-lis)*
doctor	**doctor**	*(Dak-tur)*

HORARIOS ESENCIALES

lunes	**Monday**	*(man-Dei)*
martes	**Tuesday**	*(tuz-Dei)*
miércoles	**Wednesday**	*(uenz-Dei)*
jueves	**Thursday**	*(durz-Dei)*
viernes	**Friday**	*(frai-Dei)*
sábado	**Saturday**	*(sea-ter-Dei)*
domingo	**Sunday**	*(san-Dei)*
hoy	**today**	*(tu-Dei)*
ayer	**yesterday**	*(yes-ter-Dei)*
mañana	**tomorrow**	*(tu-mar-o)*
mañana	**morning**	*(mor-nIng)*
tarde	**afternoon**	*(eaf-ter-nun)*
noche	**evening/night**	*(iv-nIng)/(nait)*
enero	**January**	*(Jean-yu-er-i)*
febrero	**February**	*(feb-ru-er-i)*
marzo	**March**	*(march)*
abril	**April**	*(ei-prIl)*
mayo	**May**	*(mei)*
junio	**June**	*(Jun)*
julio	**July**	*(Ju-lai)*
agosto	**August**	*(a-gest)*
septiembre	**September**	*(sep-tem-ber)*
octubre	**October**	*(ak-to-ber)*
noviembre	**November**	*(no-vem-ber)*
diciembre	**December**	*(De-sem-ber)*
¿Qué hora es?	**What time is it?**	*(uat)(taim)(Iz)(It)*
minuto	**minute**	*(mIn-It)*
hora	**hour**	*(aur)*
día	**day**	*(Dei)*
semana	**week**	*(uik)*
mes	**month**	*(mand)*
año	**year**	*(yIr)*

esayuno	**breakfast**	*(brek-fest)*
lmuerzo	**lunch**	*(lanch)*
ena/comida	**dinner**	*(DIn-er)*
engo hambre.	**I'm hungry.**	*(aim)(jan-gri)*
engo sed.	**I'm thirsty.**	*(aim)(ders-ti)*
Dónde hay un restaurante?	**Where is a restaurant?**	*(uer)(Iz)(ei) (res-ta-rant)*
Dónde hay un café?	**Where is a café?**	*(uer)(Iz)(ei)(kea-fei)*
engo una reservación.	**I have a reservation.**	*(ai)(jeau)(ei) (rez-er-vei-shen)*
Mi nombre es/ me llamo…	**My name is…**	*(mai)(neim)(Iz)*
Quisiera hacer una reservación.	**I would like to make a reservation.**	*(ai)(wuD)(laik)(tu)(meik) (ei) (rez-er-vei-shen)*
Quisiera pedir…	**I would like to order…**	*(ai)(wuD)(laik)(tu)(or-Der)*
peritivo	**appetizer**	*(eap-a-tai-zer)*
opa	**soup**	*(sup)*
nsalada	**salad**	*(seal-eD)*
escado	**fish**	*(fIsh)*
arne	**meat**	*(mit)*
ves	**poultry**	*(pol-tri)*
ostre	**dessert**	*(Di-zert)*
ebidas/tragos	**beverages**	*(bev-rI-Jez)*
uchillo	**knife**	*(naiv)*
enedor	**fork**	*(fork)*
uchara	**spoon**	*(spun)*
ervilleta	**napkin**	*(neap-kIn)*
lato	**plate**	*(pleit)*
nesero/camarero	**waiter**	*(uei-ter)*
nenú	**menu**	*(men-yu)*
a cuenta	**bill**	*(bIl)*
Buen provecho!	**Enjoy your meal!**	*(en-joi)(yor)(mil)*

mapa	**map**	*(meap)*
metro	**subway**	*(sab-uei)*
autobús	**bus**	*(bas)*
taxi	**taxi**	*(teak-si)*
automóvil/carro/ coche	**car**	*(kar)*
tren	**train**	*(trein)*
estación de tren	**train station**	*(trein)(stei-shen)*
avión	**plane**	*(plein)*
aeropuerto	**airport**	*(er-port)*
boleto/billete	**ticket**	*(tIk-et)*
de ida/un viaje	**one-way**	*(uan-uei)*
ida y vuelta	**round trip**	*(raunD)(trIp)*
llegada	**arrival**	*(a-rai-vol)*
salida/partida	**departure**	*(Di-par-chur)*
internacional/ extranjero	**foreign**	*(for-en)*
doméstico	**domestic**	*(Do-mes-tIk)*
ocupado	**occupied**	*(ak-yu-paiD)*
gasolinera	**gas station**	*(geas)(stei-shen)*
Quisiera un boleto a…	**I would like a ticket to…**	*(ai)(wuD)(laik)(ei) (tIk-et)(tu)*
¿Cuánto cuesta un boleto a …?	**How much is a ticket to…?**	*(jau)(mach)(Iz)(ei) (tIk-et) (tu)*
¿Dónde está el/la parada de buses?	**Where is the bus stop?**	*(uer)(Iz)(di) (bas)(stap)*
estación del metro?	**subway station?**	*(sab-uei)(stei-shen)*
museo?	**museum?**	*(miu-zi-em)*
banco?	**bank?**	*(beank)*
correo?	**post office?**	*(post)(af-Is)*

ALOJAMIENTOS ESENCIALES

iotel	**hotel**	*(jo-tel)*
asa/hogar	**house**	*(jaus)*
lormitorio	**bedroom**	*(beD-rum)*
aro	**expensive**	*(eks-pen-sIv)*
parato	**inexpensive**	*(In-eks-pen-sIv)*
ama	**bed**	*(beD)*
lmohada	**pillow**	*(pIl-o)*
obija/manta	**blanket**	*(bleing-kIt)*
oalla	**towel**	*(tau-el)*
Quisiera una habitación sencilla.	**I would like a single room.**	*(ai)(wuD)(laik)(ei) (sIng-ol)(rum)*
doble.	**double room.**	*(Dab-ol)(rum)*
habitación con baño.	**room with a bath.**	*(rum)(uid) (ei)(bead)*
habitación con ducha.	**room with a shower.**	*(rum)(uid) (ei)(shau-er)*
habitación para una noche.	**room for one night.**	*(rum)(for) (uan)(nait)*
habitación para dos noches.	**room for two nights.**	*(rum)(for) (tu)(naits)*
Tengo una reservación.	**I have a reservation.**	*(ai)(jeav)(ei) (rez-er-vei-shen)*
No tengo una reservación.	**I do not have a reservation.**	*(ai)(Du)(nat)(jeav) (ei)(rez-er-vei-shen)*

DE COMPRAS ESENCIALES

¿Dónde está un/una gran almacén?	**Where is a department store?**	*(uer)(Iz)(ei) (Di-part-ment)(stor)*
lavandería?	**laundromat?**	*(lan-Dro-meat)*
farmacia?	**pharmacy?**	*(far-ma-si)*
supermercado	**supermarket?**	*(su-per-mar-ket)*
quiosco de periódicos?	**newstand?**	*(nuz-steanD)*
pandería?	**bakery?**	*(bei-kri)*
Necesito…	**I need…**	*(ai)(niD)*
¿Tiene…?	**Do you have…?**	*(Du)(yu)(jeav)*
¿Cuánto cuesta…?	**How much does it cost?**	*(jau)(mach)(Daz)(It) (kast)*
muy caro	**too expensive**	*(tu)(eks-pen-sIv)*
Lo llevo	**I'll take it.**	*(ail)(teik)(It)*
¿Se aceptan tarjetas de crédito?	**Do you take credit cards?**	*(Du)(yu)(teik) (kre-DIt)(karDz)*
cheques viajeros?	**traveler's checks?**	*(treav-ol-erz)(cheks)*
Quisiera comprar sellos.	**I would like to buy stamps.**	*(ai)(wuD)(laik)(tu)(bai) (steamps)*
tarjetas.	**postcards.**	*(post-karDz)*
recuerdos.	**souvenirs.**	*(su-ve-nIrz)*
calcetines.	**socks.**	*(saks)*
desodorante.	**deodorant.**	*(Di-o-Der-ent)*
aspirina.	**aspirin.**	*(eas-prIn)*
pasta dentífrica.	**toothpaste.**	*(tud-peist)*

(yes)
Yes, there are also cuentas que pagar **in the United States. You** ha terminado **your** *(Di-lIsh-es)* **delicious**

sí
(mil) *(bIl)* *(uei-ter)* deliciosa
meal, and you would like the bill. ¿Qué hace usted? **You** llama al **waiter or the** *(uei-tres)* **waitress:**
comida cuenta camarero camarera

(uei-ter) *(uei-ter)*
"Waiter!" The waiter traerá **your bill,** que le indicará lo que usted ha comido **and the prices**

de cada plato. Cuando él ponga **the bill on the table,** él dirá algo como: " *(deank)* *(yu)* **Thank you and**
sobre

(kam) *(a-gen)* *(kea-shIr)*
come again. You pagará a **the waiter** o tal vez **you** pagará a **the cashier.**
otra vez cajero

> I would like the bill, please.

> Of course. One minute, please.

> *(ek-se-lent)* *(DIn-er)* **Excellent dinner.**
> excelente cena
> **Thank you.**

> *(yor)* *(uel-kam)* **You're welcome.**
> de nada
> *(guD-bai)* **Goodbye.**
> adiós

(ri-turnz) *(cheinJ)*
When the waiter returns with your change, él lo pondrá **on the table.** Cuando **you** se
regrese con su cambio

(tIp) *(Jen-er-a-li)* *(per-sent)*
prepare para salir, se acostumbra dejar a **tip. The tip is generally 15 percent of the bill.**
propina generalmente por ciento

Simplemente deje **the tip on the table** para **the waiter or waitress. It can** ser difícil ir a un

popular **restaurant in the United States,** entonces **when you** planee comer fuera, siempre

haga reservaciones. Recuerde, **you know** suficiente **English to make a reservation.**

Simplemente hable lenta **and** claramente.

❑	**signal** *(sIg-nol)*	la señal	_____
❑	**— traffic signals** *(treaf-Ik)(sIg-nolz)*	las señales de tráfico	_____
❑	**silence** *(sai-lens)*	el silencio	_____
❑	**sincere** *(sIn-sIr)*	sincero	_____
❑	**sofa** *(so-fa)*	el sofá	_____

S

Recuerde estas **words** claves cuando cene **in the United States.**

(uei-ter)
waiter _____

(uei-tres)
waitress _____

(bIl)
bill _____
cuenta

(cheinJ)
change _____
cambio

(men-yu)
menu _menu, menu, menu_____
menú

(yor) *(uel-kam)*
you're welcome _____
de nada

(eks-kiuz) *(mi)*
excuse me _____
perdóneme

(deank) *(yu)*
thank you _____
gracias

(pliz)
please _____
por favor

(gIv) *(mi)*
give me _____
dame

Here is un ejemplo de **a conversation** sobre cómo **to**
(pei) *(bIl)*
pay the bill. Escriba **the conversation**
pagar

en las líneas en blanco.

Steve:	*(eks-kiuz)* *(mi)* *(wuD)* *(laik)* *(pei)* *(mai)* **Excuse me. I would like to pay my bill.** mi _____
(mean-IJ-er) Manager: gerente	*(rum)* *(pliz)* **What room number, please?** cuarto _____
Steve:	*(dri)* *(jan-DreD)* **Room three hundred ten.** _____
Manager:	*(deank)* *(yu)* *(uan)* *(jIr)* **Thank you. One minute. Here is the bill.** _____

(prab-lemz)
Si **you have** algunos **problems with the numbers,** pídale a alguien que le escriba **the numbers,**
problemas

de manera que **you** pueda comprender todo correctamente,
(pliz) *(rait)* *(aut)*
Please write out the numbers.

Practique: _____
(Por favor, escriba los números. Gracias.)

❏ **soup** *(sup)* . . . . la sopa _____
❏ **South American** *(saud)(a-mer-a-ken)* . . . . . . sudamericano _____
❏ **Spanish** *(spean-Ish)* . . . . español **S** _____
❏ **state** *(steit)* . . . . el estado _____
❏ **— United States** *(yu-nai-tID)(steits)* . . . . los Estados Unidos _____

72

Dejemos atrás el **money** *(man-i)* dinero y, empezando en **the next page** *(nekst)* próxima, aprendamos algunas **new words.** *(nu)* nuevas **You**

can practicar estas **words** usando las fichas para memorizar al final de este **book.** Lleve estas

fichas en su bolso, bolsillo, maletín **or** mochilla **and** úselas!

(o-pen)
open
abierto

(klozD)
closed
cerrado

(bIg)
big
grande

(smal)
small
pequeño

(jel-di)
healthy
sano

(sIk)
sick
enfermo

(guD)
good
bueno

(beaD)
bad
malo

(jat)
hot
caliente

(kolD)
cold
frío

☐	**station** *(stei-shen)*	la estación	
☐	**— train station** *(trein)(stei-shen)*	la estación de tren	
☐	**statue** *(stea-tiu)*	la estatua **S**	
☐	**study** *(staD-i)*	el estudio	
☐	**sure** *(shur)*	seguro	

(short)
short _____
corta

(lang)
long _____
larga

SPEED LIMIT 20

SPEED LIMIT 65

(slo)
slow _____
despacio

(feast)
fast _____
rápido

(tal)
tall _____
alto

(short)
short _____
corto

(olD)
old _____
vieja

(yang)
young _____
joven

(eks-pen-sIv)
expensive _____
caro

(In-eks-pen-sIv)
inexpensive _____
barato

(rIch)
rich _____
rico

(por)
poor _____
pobre

(ei) (lat)
a lot _____
mucho

(ei) (lI-tel)
a little _____
poco

❑	**tavern** *(teav-ern)*	la taberna	
❑	**taxi** *(teak-si)*	el taxi	
❑	**— taxi driver** *(teak-si)(Drai-ver)*	el taxista	**t**
❑	**tea** *(ti)*	el té	
❑	**— teatime** *(ti-taim)*	la hora del té	

Here are **more** new verbs.
(mor)

(kean)
can _____
poder

(no)
know *know, know, know*
saber

(jeav) (tu)
have to _____
tener que

(riD)
read _____
leer

Estudie la "fórmula de conexión" ya que usará **a lot of** *(diz)* **these verbs.**
estos

(no)
know
saber

I _____ everything. *(ev-ri-dIng)*
todo
He _____ the address. *(a-Dres)*
She   dirección

You _____ how to speak English. *(jau)*

We _____ the name of the hotel.

They _____ your name.

(kean)
can
poder

My name is Anna.

I _____ speak English.

He _____ understand Spanish. *(an-Der-steanD)*
She

You _____ read the letter. *(riD)*
leer
We _____ enter the house. *(en-ter)*

They _____ also speak English. *(al-so)*
también

(riD)
read
leer

I _____ the book.

He _____ the magazine. *(meag-a-zin)*
She

You _____ the menu. *(men-yu)*

We _____ a lot. *(ei) (lat)*

They _____ the newspaper. *(nuz-pei-per)*

(jeav) (tu)
have to
tener que

I _____ pay the bill.

He *has to* _____ stay in the hotel. *(stei)*
She

You _____ visit London. *(vIz-It)*
visitar
We _____ learn English. *(lern)*

They _____ read the book. *(riD)*
leer

☐	**telegram** *(tel-e-gream)*	el telegrama
☐	**telegraph** *(tel-e-greaf)*	el telégrafo
☐	— **telegraph office** *(tel-e-greaf)(af-Is)*	la oficina telegráfica
☐	**telephone** *(tel-e-fon)*	el teléfono
☐	**television** *(tel-e-vI-shen)*	el televisión

t

_____
_____
_____
_____
_____

75

Observe que **"can,"** **"have to"** y también **would like** (wuD) (laik) pueden ser combinados con otro **verb**.

I would like to pay. *(pei)*

I would like to eat. *(it)*

We can enter the bank. *(en-ter)*
entrar

We can pay the bill.

He has to leave. *(jeas) (tu) (liv)*
tiene que   salir

He has to pay the bill.

I would like to learn English. *(lern)*
aprender

I can learn English. *(kean)*

I have to learn English. *(jeav)*

Can you *(kean)* traducir los oraciones **below in English? The answers are below.**

1. Yo puedo hablar inglés. _____

2. Él tiene que pagar ahora. _____

3. Nosotros sabemos la respuesta. _____

4. Ellos pueden pagar la cuenta. _____

5. Ella sabe mucho. _____ *She knows a lot.* _____

6. Yo puedo hablar un poco de inglés. _____

7. Yo no puedo encontrar el hotel. _____

8. Nosotros no podemos comprender inglés. _____

9. Yo quisiera ir a los Estados Unidos. _____

10. Ella lee el periódico. _____

ANSWERS

1. I can speak English.	6. I can speak a little English.
2. He has to pay now.	7. I cannot find the hotel.
3. We know the answer.	8. We cannot understand English.
4. They can pay the bill.	9. I would like to go to the United States.
5. She knows a lot.	10. She reads the newspaper.

Trace **lines between the words** opuestas **below.** No se olvide de decirlas en voz alta. **Use these**
(lainz)
líneas

words todos los días para describir **the things in your house, your** **school and your office.**
(skul)
escuela

(bIg)
big

(a-bav)
above

(left)
left

(smal)
small

(yang)
young

(short)
short

(por)
poor

(In-eks-pen-sIv)
inexpensive

(jel-di)
healthy

(ei) (lit-el)
a little

(lang)
long

(sIk)
sick

(ei) (lat)
a lot

(olD)
old

(guD)
good

(feast)
fast

(jat)
hot

(rait)
right

(bi-lo)
below

(kolD)
cold

(slo)
slow

(rIch)
rich

(eks-pen-sIv)
expensive

(beaD)
bad

You know that "grande" significa **"big" in English.** ¿Ha escuchado decir **"Big Apple"**
(ea-pol)
manzana

refiriéndose a Nueva York **or "Big Ben"** refiriéndose a **the clocktower of Parliament in**

London? Aparte de **"Big Apple,"** hay **many** lugares maravillosos que visitar **in the United**

States. Vaya al puente **Golden Gate in San Francisco,** al **Space Needle in Seattle, and the**
(speis) (ni-Dol)
Aguja Espacial

many Parques Nacionales. Páselo bien **and** disfrute su nuevo idioma.

☐ **temperature** *(tem-pra-chur)* . . . . la temperatura _____
☐ **tennis** *(ten-Is)* . . . . el tenis _____
☐ **terrace** *(ter-Is)* . . . . la terraza **t** _____
☐ **time** *(taim)* . . . . el tiempo _____
☐ **toast** *(tost)* . . . . el pan tostado _____

19

The Traveler Travels
(treav-ol-er) *(treav-olz)*
viajero viaja

Yesterday in London!
(yes-ter-Dei)
ayer

Today in New York!
(tu-Dei)
hoy

Tomorrow in Boston!
(tu-mar-o) *(bas-ten)*
mañana

Viajar **is** fácil **and very** eficiente **in the United States. The United States** está compuesto de

50 states, six zonas horarias, **and the** distancia **between New York City and Hawaii is** sobre
(steits)
estados

las 4,000 millas. **The map** de abajo le dará una idea aproximada del tamaño de esta área. **To**

travel from east to west takes about six hours by airplane and six days by car.
(ist) *(uest)* *(teiks)* *(a-baut)*
toma cerca de

Matt travels by car.
(treav-olz) *(bai)*
viaja en

Ed travels by train.
(bai) *(trein)*
viaja tren

Anne travels by airplane.
(bai) *(er-plein)*
avión

Susan travels by bicycle.
(bai-sa-kol)

Chris travels by motorcycle.

Linda travels by bus.

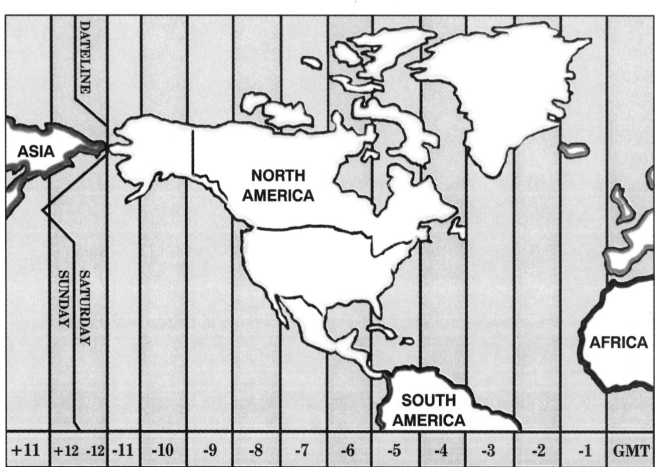

| +11 | +12 | -12 | -11 | -10 | -9 | -8 | -7 | -6 | -5 | -4 | -3 | -2 | -1 | GMT |

When you esté viajando, **you** querrá decirle a otros de dónde es **and you** conocerá gentes de todos los rincones del mundo.

(ai)(eam)(fram) *(In-Di-a)*
I am from India. _____

(ai)(eam)(fram) *(air-lenD)*
I am from Ireland. _____

I am from Belize. _____

I am from Cuba. _____

I am from Colombia. _____

(yu-nai-tID)(steits)
I am from the United States. _____

(bra-zIl)
I am from Brazil. _____

(pe-ru)
I am from Peru. _____

(ar-gen-ti-na)
I am from Argentina. _____

(pean-a-ma)
I am from Panama. _____

(chI-li)
I am from Chile. _____

(mek-sI-ko)
I am from Mexico. _____

(spein)
I am from Spain. _____

(por-tiu-gol)
I am from Portugal. _____

(freans)
I am from France. _____

(a-streil-lla)
I am from Australia. _____

(Ing-lenD)
I am from England. _____

(kean-a-Da)
I am from Canada. _____

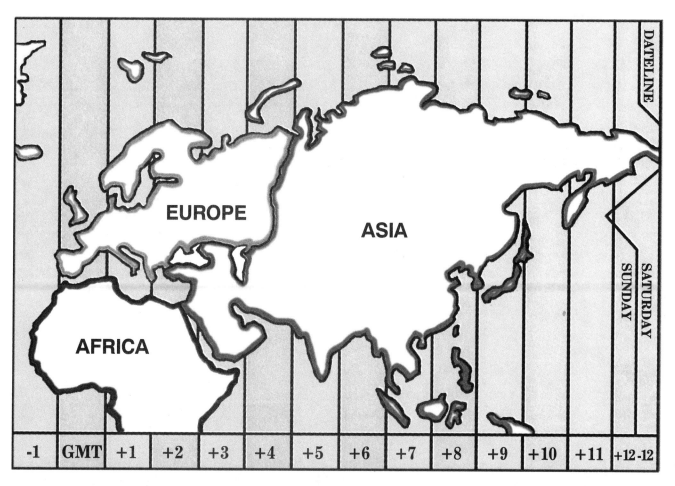

| -1 | GMT | +1 | +2 | +3 | +4 | +5 | +6 | +7 | +8 | +9 | +10 | +11 | +12 -12 |

Americans love to *(lav)* *(treav-ol)* **travel,** así que **it is not a surprise to find** *(sur-praiz)* *(fainD)* **many words** basadas en **the**
gusta viajar sorpresa encontrar

words "travel" and "trip." *(trIp)* **"Trip"** significa "viaje." Practique diciendo **the following words** *(fal-o-Ing)*
siguientes

varias veces. **You** las verá **often.** *(a-fen)*
a menudo

to travel *(treav-ol)* _____
viajar

traveler *(treav-ol-er)* _____
viajero

travel agency *(treav-ol)* *(ei-Jen-si)* _____
agencia de viajes

Have a good trip! *(jeav)* *(ei)* *(guD)* *(trIp)* _____
buen viaje

Si **you** prefiere **to go by car,** aquí están algunas **words** claves.

road *(roD)* _road, road, road_____
camino

street *(strit)* _____
calle

freeway *(fri-uei)* _____
autopista/carretera

rental car *(ren-tol)* _____
carro de alquiler

car rental agency *(ren-tol)* *(ei-Jen-si)* _____
agencia de carros de alquiler

gas station *(geas)* *(stei-shen)* _____
gasolinera

Below are algunas señales que **you should learn** *(shuD)* a reconocer rápidamente.
debe

to enter *(en-ter)* _____
entrar

ENTRANCE ➡

entrance *(en-trens)* _____
entrada

main entrance *(mein)* *(en-trens)* _____
entrada principal

to exit *(ek-sIt)* _____
salir

EXIT ➡

exit *(ek-sIt)* _____
salida

emergency exit *(I-mer-Jen-si)* _____
salida de emergencia

PUSH

PULL

push *(pash)* _____
empuje

pull *(pal)* _____
tire/jale

❑	**tomato** *(ta-mei-to)*	. . . .	el tomate
❑	**total** *(to-tal)*	. . . .	total
❑	**tourist** *(tur-Ist)*	. . . .	el turista
❑	**towel** *(tau-el)*	. . . .	la toalla
❑	**tower** *(tau-er)*	. . . .	la torre

t _____

Aprendamos los **travel verbs** básicos. Tome una hoja de **paper and** invente sus propias oraciones **with these new words.** Siga de la misma manera que **you** hizo anteriormente.

(flai)
fly
volar
_____

(Draiv)
drive
manejar
_____

(a-raiv)
arrive
llegar
_____

(ri-serv)
reserve
reservar
_____

(liv)
leave
salir
_____

(peak)
pack
empacar
_____

(cheinJ)
change (buses)
cambiar (de autobús)
_____

(gIv)   (mi)
give me
dame/deme
_____

Here are some new words for your trip.

(er-port)
the airport
aeropuerto

(pleat-form)
the platform
andén

(flait)   (skeD-Jiul)
flight schedule
horario de vuelo

San Francisco	–	Denver
Departure	**Flight No.**	**Arrival**
10:41 A.M.	50	12:41 P.M.
5:40 P.M.	19	7:40 P.M.
6:40 P.M.	22	9:40 P.M.
10:15 P.M.	10	12:15 A.M.
11:32 P.M.	04	2:32 A.M.

(trein)   (stei-shen)
the train station
estación de tren

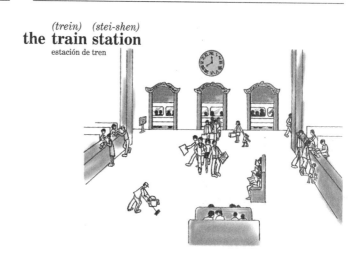

❑ **traffic** *(treaf-Ik)*	el tráfico	_____
❑ **train** *(trein)*	el tren	_____
❑ **tulip** *(tu-lIp)*	el tulipán	_____
❑ **tunnel** *(tan-el)*	el túnel	_____
❑ **typical** *(tIp-a-kol)*	típico	_____

81

With these verbs, **you are** listo para cualquier **trip** (trIp) a dondequiera. **You** no debería tener

problems with these verbs, solamente recuerde la "fórmula de conexión." Use su conocimiento

del **English** y traduzca las oraciones siguientes. **The answers are below.**

1. Yo vuelo a los Estados Unidos. _____

2. Yo cambio de avión en Los Angeles. _____

3. Él vuela a Nueva York. _____

4. Nosotros llegamos mañana. _____ *We arrive tomorrow.* _____

5. ¿Dónde está el avión para Miami? _____

6. Ellos viajan a Nueva Zelanda. _____

7. ¿Dónde está el tren para Chicago? _____

8. ¿Cómo puede uno volar al Canadá? ¿Con American o con Air Canada? _____

_____

Here are some important words para el viajero.

Chicago	–	Denver
Departure	Flight No.	Arrival
4:40 A.M.	19	7:40 A.M.
9:41 A.M.	50	12:41 P.M.
6:00 P.M.	22	9:40 P.M.
9:00 P.M.	10	12:15 P.M.
11:15 P.M.	04	2:32 A.M.

(ak-yu-paiD)
occupied _____
ocupado

(fri)
free _____
libre

(ueit-Ing) (rum)
waiting room _____
sala de espera

(sit)
seat _____
asiento

(Di-par-chur)
departure _____
partida/salida

(a-rai-vol)
arrival _____
llegada

(In-ter-nea-shen-ol)
international _____
internacional

(Do-mes-tIk)
domestic _____
doméstico

Aumente **your** *(treav-ol)* **travel words** escribiendo **the words below and** practicando las oraciones en voz

alta. Practique haciendo preguntas con **"where."** **It** ayudará más adelante.

(tu)
to _____
a
　　　　　　　　　　Where is the plane to Denver?

(geit)
gate _____
puerta de entrada
　　　　　　　　　　Does the plane leave from gate nine?

(last)　　*(faunD)*
lost and found _____
perdido y encontrado
　　　　　　　　　　Where is lost and found?

(por-ter)
porter _____
portero
　　　　　　　　　　Where is a porter?

(beag-IJ)　　*(kleim)*
baggage claim _____
reclamo de maletas
　　　　　　　　　　Where is baggage claim?

(kaun-ter)
counter___*Where is the American Airlines counter?*___
tablero
　　　　　　　　Where is the American Airlines counter?

(flait)
flight _____
vuelo
　　　　　　　　　　Is this flight number 1033?

(eks-cheinJ)
exchange _____
cambio de dinero
　　　　　　　　　　Where is the exchange counter?

(smok-Ing)　*(sek-shen)*
smoking section _____
sección de fumar
　　　　　　　　　　Is this the smoking section?

(nan-smok-Ing)　*(sek-shen)*
non-smoking section _____
sección de no fumar
　　　　　　　　　　Where is the non-smoking section?

(sit)
seat _____
asiento
　　　　　　　　　　Is this seat free?

(uIn-Do)　*(sit)*
window seat _____
asiento cerca de la ventana
　　　　　　　　　　I would like a window seat.

_____ _____ *(Daz)* **does the train arrive?**
(cuándo)　(cuándo)

_____ _____ *(Iz)* *(pra-blem)* **is the problem?**
(qué)　(qué)

❏ **union** *(yun-yen)* . . . . la unión _____
❏ **unit** *(yu-nIt)* . . . . la unidad _____
❏ **university** *(yu-ne-ver-se-ti)* . . . . la universidad **u** _____
❏ **used** *(yuzD)* . . . . usado _____
❏ **utensil** *(yu-ten-sol)* . . . . el utensilio _____

(kean) *(riD)* *(fal-o-Ing)*
Can you read the following?
siguiente

You are now *(si-tID)* **seated** on the airplane and you
sentado

are *(flai-Ing)* **flying** to the United States. You **have** *(jeav)*
volando

your money, your ticket, your **passport,** and *(peas-port)*
pasaporte

your **suitcases.** You are now a **tourist.** You *(sut-kei-sez)* *(tur-Ist)*
maletas   turista

(a-raiv)
arrive tomorrow at 8:00 in the morning.

Have a good **trip!** *(trIp)* Have **fun!** *(fan)*
buen viaje   diviértase

(no)
Como **you know, there are many American** *(er-lainz)* **airlines** que ofrecen una variedad de servicios.
sabe   hay   muchas   aerolíneas

(flaits)
Some **flights** are "**non-stop.**" *(nan-stap)* Otros **flights** paran en **different** lugares **and** son llamados
vuelos   sin escalas

(DI-rekt)
"**direct flights.**" Algunas veces, **you** tendrá que **change planes** *(cheinJ)* para llegar **at your final**
vuelos directos   cambiar

destination. You puede preguntar sobre **your flight plan** *(flait)* *(plean)* **with your travel agent or the** *(treav-ol)* *(ei-Jent)*
plan de vuelo   agente de viajes

(er-lain)
person at the airline desk.

☐	**vacancy** *(vei-ken-si)*	la vacante	_____
☐	**vacation** *(vei-kei-shen)*	vacaciones	_____
☐	**valid** *(veal-ID)*	válido	**V** _____
☐	**valley** *(veal-i)*	el valle	_____
☐	**value** *(veal-yu)*	el valor	_____

These travel words le ayudarán a disfrutar muchísimo de sus vacaciones **and** será sumamente fácil que usted se divierta más. Revise **these new words** haciendo el crucigrama **below.** Ejercite este capítulo seleccionando otros destinos y haciéndose preguntas acerca de **trains, buses and airplanes** que vayan hacia allá. Seleccione **new words from your dictionary and practice** *(DIk-sha-ner-i)* *(preak-tIs)* diccionario

haciendo **questions** que **begin with WHERE, WHEN, HOW MUCH, and HOW OFTEN.** *(bi-gIn)* empiezan *(uer)* *(uen)* *(jau)* *(mach)* *(jau)* *(a-fen)* cuántas veces

The answers al crucigram están al final de la próxima **page.** **Good luck!** *(guD)* *(lak)* buena suerte

HORIZONTAL

1. periódico
2. repetir
3. hombres
4. billete
5. sello/timbre
6. avión
7. saber
8. puerta de entrada
9. vuelo
10. manejar
12. partida
13. autopista
14. debajo de
15. llegada
16. estación
17. ocupado
18. andén
19. empuje
20. estación de tren
21. hacer
22. sin paradas
23. portero
24. buzón
25. viaje

VERTICAL

1. (sección de) no fumar
2. leer
3. hora/tiempo
4. propina
5. entrada
6. cesto para basura
8. reservar
9. volar
10. internacional
11. viajar
12. doméstico
13. catorce
14. mandar
15. aeropuerto
16. horario
17. asiento
18. gracias
19. por favor
20. perdido y encontrado
21. salida
22. tablero
23. camarera
24. pasaporte
25. tren

❑ **vanilla** *(va-nIl-a)*	la vainilla	_____
❑ **various** *(ver-i-as)*	varios	_____
❑ **vast** *(vast)*	vasto	**V** _____
❑ **vehicle** *(vi-a-kol)*	el vehículo	_____
❑ **verb** *(vurb)*	el verbo	_____

¿Le gustaría averiguar **the** (prais) **price of tickets?** (eask) **You know how to ask** **these questions.**
precio · preguntar

(jau) (mach)
How much is a ticket to New York? _____

How much is a ticket to (fIl-a-Del-fi-a) **Philadelphia?** _____

How much is a ticket to (uash-Ing-tan) **Washington,** (Di) (si) **D. C.?** _____

(uan-uei)
one-way _____
una ida

(raunD) (trIp)
round trip _____
ida y vuelta

Qué hay de la hora de (Di-par-churz) **departures and** (a-rai-volz) **arrivals?** (eask) (diz) **You can also ask** **these questions.**
salidas · llegadas · preguntar

(uen) (Daz) (liv)
When does the plane leave for New York? _____

(Daz) (mai-ea-mi)
When does the train leave for Miami? _____

(a-raiv) (eat-lean-ta)
When does the plane arrive from Atlanta? _____

(Deal-as)
When does the train arrive from Dallas? _____

(port-leanD)
When does the plane leave for Portland? _____

You ha llegado **in the United States. You are now at the airport. You would like to fly to**

Tampa, or Orlando, or Las Vegas. Dígale eso a la persona vendiendo **tickets** tras del **counter.**

(wuD) (laik) (go) (or-lean-do)
I would like to go to Orlando. _____
ir

(uen) (Daz)
When does the plane leave for Orlando? _____

(jau) (mach)
How much is a ticket to Orlando? _____

ANSWERS

HORIZONTAL		VERTICAL	
1. newspaper	10. drive	20. train station	1. non-smoking	11. travel	20. lost and found
2. repeat	12. departure	21. make	2. read	12. domestic	21. exit
3. men	13. freeway	22. nonstop	3. time	13. fourteen	22. counter
4. ticket	14. under	23. porter	4. tip	14. send	23. waitress
5. stamp	15. arrival	24. mailbox	5. entrance	15. airport	24. passport
6. airplane	16. station	25. trip	6. trash can	16. schedule	25. train
7. know	17. occupied		8. reserve	17. seat	
8. gate	18. platform		9. fly	18. thank you	
9. flight	19. push		10. international	19. please	

86

Now that you know the essential words para viajar - a través de **the United States, Australia, England or Canada - what are** algunos objetos especiales **or** recuerdos **you** podría buscar?

(blu) *(Jinz)* *(ten-Is)* *(shuz)*
blue jeans and tennis shoes
bluyines   zapatos de tenis

(su-ve-nIrz)
souvenirs
recuerdos

(ti-sherts)
T-shirts
camisetas

souvenirs

(jeanD-meiD) *(kreafts)*
handmade crafts
artesanías

(sport-Ing) *(guDz)*
sporting goods
artículos deportivos

(kau-boi) *(jeat)*
cowboy hat
sombrero de vaquero

Su Compañero de Bolsillo™ **can** encontrarlo en **page** 69. Cada sección se concentra en palabras esenciales para su **trip.** Recorte su Compañero de Bolsillo™, dóbelo **and** llévelo **with you** todo el tiempo. No importa que **you** lo lleve en su bolsillo, maletín, mochila **or** billetera. No lo ponga en su equipaje ya que no le será de mucha ayuda dentro de una maleta. Su Compañero de Bosillo™ no es para que reemplace su proceso de aprendizaje del **English,** pero le ayudará en caso que olvide algo y necesite un poco de ayuda.

❏	**version** *(ver-zhen)*	la versión		_____
❏	**vinegar** *(vIn-a-ger)*	el vinagre		_____
❏	**violet** *(vai-let)*	la violeta	**V**	_____
❏	**violin** *(vai-a-lIn)*	el violín		_____
❏	**visa** *(vi-za)*	la visa		_____

20

The Menu
(men-yu)

menú

You are *(nau)* **now in the United States and you have a room.** *(jeav)* *(rum)* **You are hungry. Where** *(jan-gri)* **is a good**

cuarto   con hambre   hay

restaurant? Para comenzar, **there are different** clases de lugares donde usted puede comer.

Aprendamos **the names.**

restaurant
(res-ta-rant)

sirve comidas sencillas como sándwiches y tortillas de huevo, o comidas más elegantes como pescado, mariscos y bistecs, dependiendo de la clase del establecimiento.

fast-food restaurant
(feast) *(fuD)*

sirve comidas fáciles de preparar (como hamburguesas y papas fritas) en pocos minutos. Usted puede comer en el restaurante o llevarse la comida a otro lugar.

cafeteria
(keaf-e-tIr-i-a)

ofrece una gran variedad de comida. Los clientes se sirven lo que desean ellos mismos, seleccionando la comida de un buffet.

sandwich shop
(seanD-uich) *(shap)*

sirve sándwiches, bebidas y pastas. Generalmente está abierta a la hora del almuerzo y por la tarde.

Si **you** mira alrededor **in an American restaurant, you** verá que **some customs are different** *(kas-temz)*

costumbres

de las nuestras. **Bread and butter** normalmente se sirven antes de **the meal, some people** *(mil)* *(pi-pol)*

comida   personas

ponen los codos **on the table** y la manera de vestir generalmente es muy informal. **You** oirá

"Enjoy your meal" *(en-joi)* *(yor)* *(mil)* antes de empezar a comer. Le toca practicar **now.**

buen provecho

_____
(buen provecho)

And por lo menos una vez más para practicar!

_____
(buen provecho)

❏	**visit** *(vIz-It)*	visitar		_____
❏	**vitamin** *(vai-ta-mIn)*	la vitamina		_____
❏	**vocabulary** *(vo-keab-yu-ler-i)*	el vocabulario	**V**	_____
❏	**voice** *(vois)*	la voz		_____
❏	**volume** *(val-yum)*	el volumen		

¿Por qué se conocen **the United States?** La tierra de los **restaurants** de comida rápida para llevar!

Experimente con todos. Si **you** *(fainD)* **find** a **restaurant** que **you** quisiera probar, **you** debería llamar
encuentra

antes para hacer **reservations:** *(rez-er-vei-shenz)* *(wuD)* *(meik)* *(tu-nait)* <u>**I would like to make a reservation for two tonight at 6:00.**</u>
reservanes · hacer · esta noche

Cuando **you** entre **a restaurant,** un empleado **of the restaurant** llamado the *(jost)* **"host"** or *(jos-tes)* **"hostess"**

le indicará cuál es **your table, and** *(den)* **then the** *(uei-ter)* **waiter** or *(uei-tres)* **waitress** le traerá *(yor)* **your menu. In**
mesa · luego · camarero · su

(keaf-e-tIr-i-az) **cafeterias and** *(seanD-uich)* **sandwich** *(shaps)* **shops, you can** *(fainD)* **find** su propia **table. If you** *(niD)* **need a menu,** avise a
encontrar · necesita

the waiter or waitress, diciendo,

(eks-kiuz) *(mi)* *(kean)* *(ai)(jeav)* *(pliz)*
Excuse me. Can I have a menu, please?
perdóneme · puedo

(Mesero! Por favor tráigame el menú.)

(uei-ter)
The waiter le está preguntando se **you** está

satisfecho con **your meal and** si le gustó. Una

sonrisa **and a** *(deank)* *(yu)* <u>**"Yes, thank you,"**</u> le indicará

que **you** está muy satisfecho.

In the United States, you tiene que pedir a **the host or hostess the menu,** si **you** desea ver qué

clase de *(milz)* **meals and** *(prai-sez)* **prices** tienen antes de sentarse. Además de los platos enumerados en **the**
comidas · precios

menu, muchos **restaurants** ofrecen *(Dei-li)* *(spesh-elz)* **"daily specials,"** los cuales cambian diariamente.
especiales del día

❏	**yacht** *(yat)*	el yate	**y**	_____
❏	**yard** *(yarD)*	la yarda		_____
❏	**zebra** *(zi-bra)*	la cebra	**z**	_____
❏	**zero** *(zIr-o)*	cero		_____
❏	**zoo** *(zu)*	el jardín zoológico		_____

In the United States, there are three (milz) meals principales todos los días, además de coffee and tal
                                                comidas

vez a (peis-tri) pastry for the (tairD) tired traveler in the afternoon.
        hay   cansado
        pastel

(brek-fest)
breakfast _____
el desayuno

varía de pan tostado o cereal a huevos, tocino, panqueques y **tea or coffee.**

(lanch)
lunch _____
el almuerzo

generalmente servido de las 12:00 hasta las 2:00. **You can find** cualquier clase de comida, grande

o pequeña.

(DIn-er)
dinner_____
la cena

generalmente servida desde las 6:00 hasta las 10:00. **Dinner is** la comida principal para los

Americans generalmente.

Si **you are** (treav-ol-Ing) **traveling with** (chIl-Dren) **children in the United States,** pida **the** (chailDz) **child's** (por-shen) **portion. And,** si **you**
                viajando   niños   child's   porción de niño

are probando **the** (uain) **wine,** no se olvide de preguntar acerca de **the** (jaus) **house wine. Now,** en la parte

posterior **of the book, you** encontrará un ejemplo **of an American menu.** (riD) **Read the menu**
                                                                              lea

(tu-Dei) **today and** (lern) **learn the new words.** Cuando **you** esté listo **to** (liv) **leave on your trip,** recorte **the menu,**
hoy   aprenda   salir

dóblelo, y guárdelo en su bolsillo, billetera, **or** cartera. Antes de ir, **how** se dicen estas **three**

frases que son **very important** para un **traveler** con hambre?

Disculpe. Quisiera hacer una reservación. _____

¡Buen provecho! _____

¡Camarero! Por favor tráigame el menú. _____

_____ **eats salad?** _____ **drinks tea?**
    (quién)   (quién)

_____ **travels to Los Angeles?**
       (quién)

_____
(quién)

Tratemos de aprender **the following words** que le ayudarán a identificar qué clase de carne **you can order.**

- ☐ **beef** *(bif)* . . . . res   _____
- ☐ **veal** *(vil)* . . . . ternera   _____
- ☐ **pork** *(pork)* . . . . cerdo   _____
- ☐ **lamb** *(leam)* . . . . cordero   _____

The menu below tiene las categorías principales **you** encontrará en la mayoría de los restaurants. **Learn them** hoy mismo así **you** las reconocerá fácilmente cuando **you** cene **in the United States.** No olvide escribir **the words** en los espacios **below.**

(men-yu)
Menu

(eap-a-tai-zerz)
appetizers
aperitivos

_____

(sup)
soup
sopas

_____

(egz)
eggs
huevos

_____

(fIsh)
fish
pescado

_____

(mit)
meat
carne

_____

(pol-tri)
poultry
ave

_____

(veJ-ta-bolz)
vegetables
verduras

_____

(seal-eD)
salad
ensalada

_____

(Di-zerts)
desserts
postres

_____

(seanD-ui-chez)
sandwiches
emparedados

_____

(frut)   *(chiz)*
fruit or cheese
fruta   queso

_____

(peis-triz)
pastries
pasteles

_____

(bev-rI-Jez)
beverages
bebidas

_____

☐ **poultry** *(pol-tri)* .... ave _____
☐ **venison** *(ven-e-zen)* .... venado _____
☐ **cooked** *(kukD)* .... cocido _____
☐ **boiled** *(boilD)* .... hervido _____
☐ **roasted** *(ro-steD)* .... asado _____

91

You also tendrá **vegetables** *(veJ-ta-bolz)* with your meal and tal vez **a salad.** Cuando usted vaya al
verduras

supermercado, aprenda **the names** de las clases diferentes de **vegetables and fruit,** *(veJ-ta-bolz) (frut)* además
frutas

será una buena experiencia para **you.** **You can** siempre consultar **the menu** en la parte posterior

de **this book** si **you** olvida **the correct name.** **Now you** está sentado **and the waiter arrives.** *(a-raivz)*
llega

Breakfast puede variar desde un liviano desayuno continental a un desayuno con panqueques,

jamón **and** huevos. **Below is an example of** lo que **you** puede desayunar.

Beverages	**and . . .**
tea	*(sIr-i-ol)* **cereal**
coffee	**fruit**
(or-enJ) (Jus) **orange juice** jugo de naranja	*(jeash) (braunz)* **hash browns** picadillo de papas fritas
(ta-mei-to) **tomato juice**	**butter**
milk leche	*(Jeam)* **jam** mermelada
(saiD) (or-Derz) **Side Orders** órdenes extras	**Basics**
pancakes panqueques	*(bei-ken) (egz)* **bacon and eggs** tocino
toast pan tostado	*(jeam)* **ham and eggs** jamón

☐ **fried** *(fraiD)* . . . . frito _____
☐ **baked** *(beikD)* . . . . al horno _____
☐ **grilled** *(grIlD)* . . . . a la parilla _____
☐ **stuffed** *(stafD)* . . . . relleno _____
☐ **broiled** *(broilD)* . . . . a la plancha _____

Here is an example de lo que podría elejir para comer por la tarde. Usando su **menu guide on pages 119 and 120,** así como lo que ha aprendido en este capítulo, llene los espacios en blanco, *en español*, con lo que **you** crea su **waiter** le traerá. **The answers are below.**

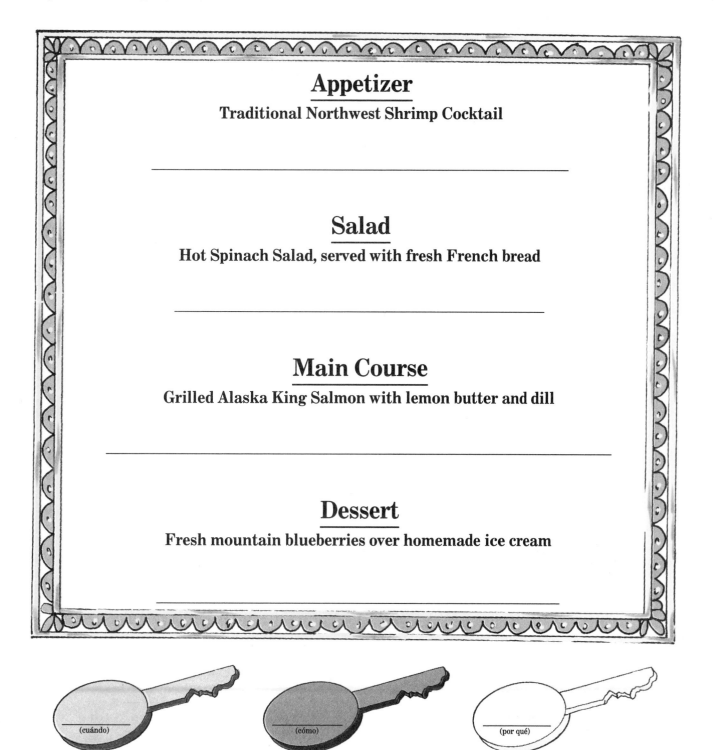

Appetizer
Traditional Northwest Shrimp Cocktail

_____

Salad
Hot Spinach Salad, served with fresh French bread

_____

Main Course
Grilled Alaska King Salmon with lemon butter and dill

_____

Dessert
Fresh mountain blueberries over homemade ice cream

_____

(cuándo) (cómo) (por qué)

ANSWERS

Aperitivo: Cóctel de camarones al estilo tradicional del noroeste
Ensalada: Ensalada de espinacas, caliente y servida con pan francés fresco
Plato Principal: Salmón de Alaska a la parrilla con mantequilla de limón y eneldo
Postre: Arándanos frescos de montaña sobre helado hecho en casa

Now es un buen momento para un repaso rápido. Trace líneas entre las palabras correspondientes en inglés **and Spanish.**

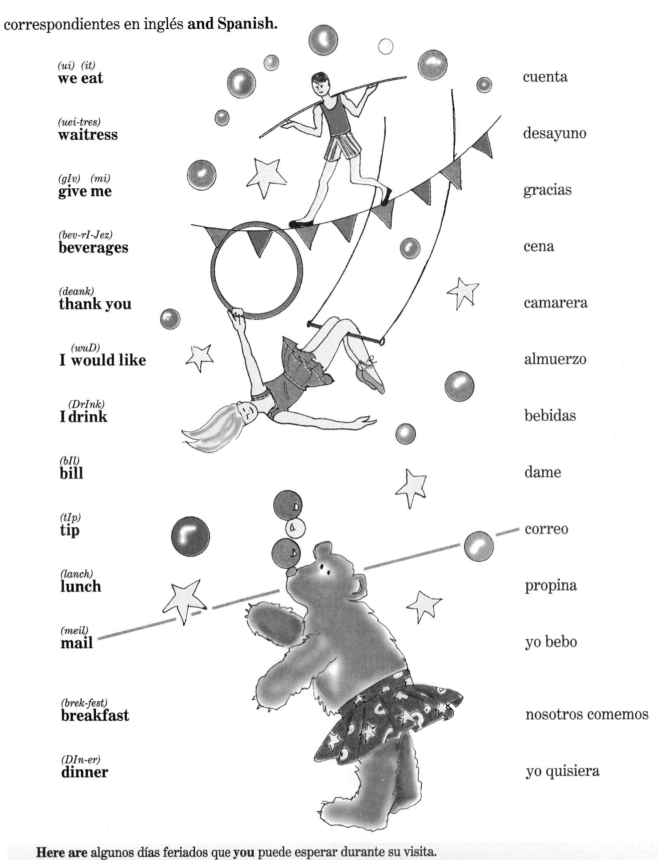

(ui) (it)
we eat

(uei-tres)
waitress

(gIv) (mi)
give me

(bev-rI-Jez)
beverages

(deank)
thank you

(wuD)
I would like

(DrInk)
I drink

(bIl)
bill

(tIp)
tip

(lanch)
lunch

(meil)
mail

(brek-fest)
breakfast

(DIn-er)
dinner

cuenta

desayuno

gracias

cena

camarera

almuerzo

bebidas

dame

correo

propina

yo bebo

nosotros comemos

yo quisiera

Here are algunos días feriados que **you** puede esperar durante su visita.

☐ **President's Day** *(pre-zI-Dents)(Dei)* . . . . Día del Presidente _____

☐ **Memorial Day** *(me-mor-i-ol)(Dei)* . . . . Día de Conmemoración _____

☐ **4th of July** *(ford)(af)(Ju-lai)* . . . . Día de Independencia _____

☐ **Thanksgiving** *(deanks-gIv-Ing)* . . . . Día de Acción de Gracias _____

What is different *(DIf-er-ent)* acerca de **the telephone** *(tel-e-fon)* **in the United States?** Pues bien, **you** nunca observa

estas cosas hasta que **you** quiere usarlas. No se sorprenda pero **in the United States** hay

telephones in muchos lugares (calles, edificios públicos, hoteles, etc.). Por supuesto, **the**

telephone le permite reservar **hotel rooms in** otra **city,** *(sI-ti)* ciudad llamar a **friends,** *(frenDz)* amigos reservar **theater,** *(di-ei-ter)* teatro

concert or ballet tickets, *(kan-sert)* concierto *(beal-ei)* hacer llamadas de emergencia, comprobar las horas de apertura de

a museum, *(miu-zi-em)* alquilar **a car and** todas las cosas que hacemos diariamente. Además le da más

liberty *(lIb-er-ti)* libertad **when you can** hacer sus propias **telephone calls.** *(kalz)* llamadas

Tener **a telephone is** muy común **in the United**

States. También es muy fácil para **you to find** *(fainD)*

a telephone on the street, *(strit)* calle **in a restaurant,**

or en el vestíbulo de **your hotel.**

Aprendamos a operar **the telephone.**

The instructions *(In-strak-shenz)* instrucciones parecen complicadas pero

no lo son — algunas de estas **words you**

debería reconocer. Listos? Bueno, antes

you de vuelta **the page** sería una buena

idea volver **and** repasar todos los **numbers**

una vez más.

Para marcar **from the United States** para la mayoría de los países, **you** necesita el código

internacional de ese país. **Your telephone book** debería tener una lista con todos los códigos

Here are algunas **very** útiles **words** relacionadas con **the word, "telephone."**

- ☐ **telephone book** *(tel-e-fon)(buk)* . . . . guía telefónica   _____
- ☐ **telephone booth** *(tel-e-fon)(bud)* . . . . cabina de teléfono   _____
- ☐ **telephone conversation** *(tel-e-fon)(kan-ver-sei-shen)* . . conversación telefónica   _____
- ☐ **operator** *(ap-e-rei-tor)* . . . . operadora

internacioles. Si **you** deja sus **numbers** de contactos con amigos, familia **or** colegas, **you** debe incluir el código del país **and** de la ciudad cuando sea posible. **For example,**

Country Codes		Area Codes *(er-i-a)*	
Australia	61	Denver, Colorado	303
England	44	Miami, Florida	305
Mexico	52	Houston, Texas	713
United States	1	Phoenix, Arizona	602
and Canada		Chicago, Illinois	312

Hacer **a telephone call in the United States, you** encontrará que los **telephone numbers** tienen **seven digits,** *(DI-JIts)* por ejemplo, 466-8771. No se olvide **the area code (303) 466-8771. The area codes** números **are** indicados **in the telephone book.** Si **you need information, you call the area code** más **555-1212,** por ejemplo, **(303) 555-1212 for Denver.**

Cuando conteste **the telephone,** simplemente diga " **Hello**" *(jel-o)* **and,** si **you** gusta, puede decir **your name** también: "**Hello.** *(jel-o)* **This is** *(dIs)* _____ ."
(su nombre)

Cuando diga hasta luego, diga "**Goodbye.**" *(guD-bai)* Le toca —

_____
(Hola. Es . . .)

_____   _____
(adiós)   (hasta mañana)

No se olvide **you can ask** . . . *(eask)*
preguntar

How much does a call to New York cost? _____

How much does a call to England cost? _____

Here are algunos **important telephone numbers in the United States. Todos telephone numbers** que comienzan con **(800) or (888)** son gratis.

☐ Operadora . . . . 0 _____
☐ Servicio de emergencia (bomberos, policía, hospital) . . 911 _____
☐ Información para números (800) . . . . (800) 555-1212 _____

96

Here are algunos ejemplos. Escríbalos en las líneas en blanco **below.**

(wuD) *(laik)* *(kal)*
I would like to call Chicago. _____
llamar

(eat) *(er-port)*
I would like to call Delta Airlines at the airport. _____
aerolínea

(wuD) *(laik)* *(kal)* *(jas-pI-tal)*
I would like to call the hospital. _____
llamar

(mai)
My number is 738-6750. _____
mi

(uat)
What is your telephone number? _____

What is the number of the hotel? _____

(jel-o) *(dIs)* *(spik)*
Raoul: **Hello, this is Mr. Martinez. I would like to speak to Mrs. King.**
señor quisiera

_____

(sek-ra-ter-i) *(mo-ment)* *(pliz)* *(sar-i)* *(bat)* *(lain)* *(bIz-i)*
Secretary: **One moment, please. I am sorry but the line is busy.**
momento lo siento pero línea ocupada

_____

(mor) *(slo-li)*
Raoul: **Please speak more slowly.**
más despacio

_____

(sar-i) *(bIz-i)*
Secretary: **I am sorry but the line is busy.**

_____

(deank) *(yu)*
Raoul: **Oh. Thank you. Goodbye.**

_____

(spik)
You are now listo para usar cualquier **telephone in the United States.** Simplemente **speak**

(slo-li)
slowly and claramente.

Here are algunos lugares donde se habla **English,** así como otros idiomas que **you** puede desear llamar.

☐ **Australia** *(a-streil-lla)* . . . . Australia _____
☐ **Bahamas** *(ba-ha-maz)* . . . . Las Bahamas _____
☐ **Belize** *(be-liz)* . . . . Belice _____
☐ **Canada** *(kean-a-Da)* . . . . Canadá _____

The Subway
(sab-uei)

metro

(sab-uei) *(me-tro)*
"Subway," or "metro," is the name para el metro in the United States. In London, el metro

se llama the "underground." *(an-Der-graunD)* En ciudades pequeñas y pueblos in the United States and

subterráneo

England, the bus es el medio de transportation *(trans-por-tei-shen)* más común.

(sab-uei) *(me-tro)*
subway/metro

(bas)
bus

(sab-uei) *(stei-shen)*
subway station

estación

(teak-si) *(stap)*
taxi stop

parada

(bas) *(stap)*
bus stop

parada

(meaps)
Maps con colores que indican las varias **lines and stops are** disponibles at **subway stations and**

mapas   líneas   paradas   estaciones de metro

son gratis. **In London, you need to buy a ticket** para usar **the subway.** **In New York, you**

need to buy a **token.** *(to-ken)* ¿Cómo usa usted **the subway?** Simplemente **observe the name** de la

ficha de metal

última parada **on the line** que **you** debería coger **and** tome **the subway traveling in that** *(treav-ol-Ing)*

viajando

☐	**England** *(Ing-lenD)*	Inglaterra	
☐	**India** *(in-Di-a)*...........................	India	
☐	**Ireland** *(air-lenD)*	Irlanda	
☐	**New Zealand** *(nu)(zi-lenD)*	Nueva Zelanda	
☐	**Puerto Rico** *(puer-to)(ri-ko)*...............	Puerto Rico	

direction. The mismo aplica **for the bus.** Localice su destino, seleccione la línea correcta en su metro de práctica **and** suba a bordo.

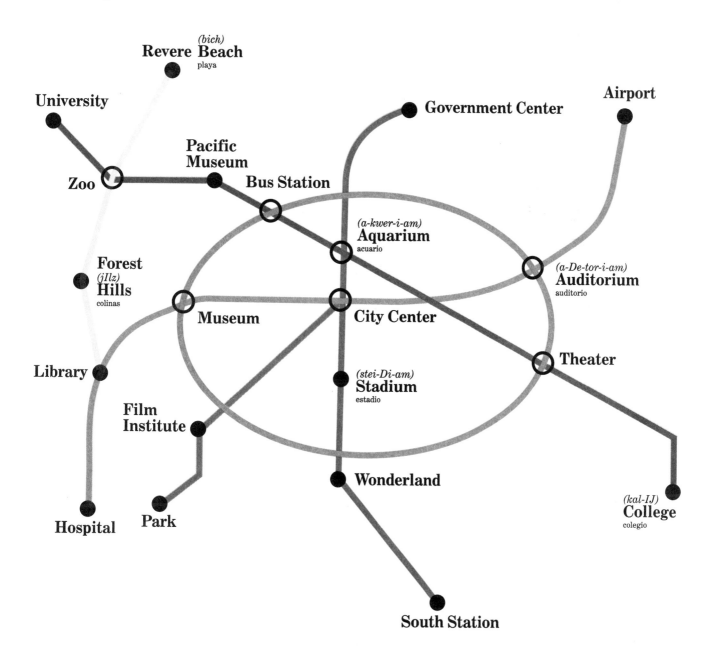

Say **these questions** en voz alta **and** no se olvide de sus fichas **for the subway.**

Where is the subway station?	**Where is the bus stop?**
Where is the train station?	**Where is the metro stop?**

☐ **Scotland** *(skat-lenD)* .... Escocia
☐ **South Africa** *(saud)(af-ra-ka)* .... África del Sur
☐ **United States** *(yu-nei-tID)(steits)* .... Estados Unidos
☐ **Virgin Islands** *(vIr-Jen)(ai-lenDs)* .... Islas Vírgenes
☐ **Wales** *(weils)* .... el País de Gales

Practique las siguientes **questions** básicas en voz alta **and then** escríbalas en las líneas en blanco below.

1. *(jau)* *(a-fen)* *(Daz)*
   How often does the train leave for the university? _____
   cuántas veces

   How often does the bus leave for the airport? _____

   How often does the bus leave for the *(bich)* beach? _____
   playa

2. When does the train *(liv)* leave? _____

   When does the bus leave? _____ *When does the bus leave?* _____

3. How much does a subway ticket cost? _____

   How much does a bus ticket cost? _____

   How much does a train ticket cost? _____

   How much does an airplane ticket cost? _____

4. Where can I buy a ticket for the subway? _____
   puedo   comprar

   Where can I buy a ticket for the bus? _____

   (kean)
   Where can I buy a ticket for the train? _____

Cambiemos de dirección **and learn three new verbs.** Usted sabe la "formula de conexion," así que, escriba sus propias oraciones usando **these new verbs.**

(uash)
wash   _____
lavar

(luz)
lose   _____
perder

(least)
last   _____
durar

Here are unos cuantos feriados que recordar.   _____
☐ **New Year's Day** *(nu)(yIrs)(Dei)* . . . . Día de Año Nuevo   _____
☐ **Easter** *(is-ter)* . . . . Pascua   _____
☐ **Labor Day** *(lei-bor)(Dei)* . . . . Día del Trabajo   _____
☐ **Christmas** *(krIs-mas)* . . . . Navidad

23

To Sell and to Buy
(sel) *(bai)*
vender   comprar

Ir de compras en un país extranjero **is** divertido. La compra de **a** **gallon of milk or an apple** es
(geal-en) *(ea-pol)*
galón   manzana

algo que **you** debería **now** hacer rápidamente **and** fácilmente. Por supuesto, **you** comprará

souvenirs, stamps and postcards, pero **don't forget** tantas otras **things** como cordones de
(su-ve-nIrz) *(dont)*
recuerdos   no se   olvide

zapatos **or aspirin** que **you** tal vez necesite inesperadamente. Localice una tienda, marque una
(eas-prIn)
aspirinas

línea hacia ella **and** como siempre, escriba **these new words** en los espacios correspondientes.

(Di-part-ment) *(stor)*
department store _____
gran almacén

(mu-vi) *(di-ei-ter)*
movie theater _____
cine

(post) *(af-Is)*
post office _____
correo

(beank)
bank _____
banco

(jo-tel)
hotel _____
hotel

(geas) *(stei-shen)*
gas station _____
gasolinera

(but-cher) *(shap)*
butcher shop
carnicería

_____

(buk-stor)
bookstore
librería

_____

_____ *(Drai) (kli-nerz)*
dry cleaners
limpieza en seco/lavaseco

_____ *(gro-se-ri)* *(stor)*
grocery store
tienda de abarrotes

_____ *(Drag-stor)*
drugstore
farmacia

_____ *(park-Ing)* *(lat)*
parking lot
estacionamiento

PARKING

_____ *(nuz-steanD)*
newsstand
quiosco de periódicos

_____ *(Del-e-ke-tes-en)*
delicatessen
tienda de fiambres

_____ *(to-beak-o)* *(shap)*
tobacco shop
tabaquería

(treav-ol) *(ei-Jen-si)*
travel agency
agencia de viajes

_____

(po-lis) *(stei-shen)*
police station
policía

_____

(Der-i)
dairy
lechería

(flor-Ist)
florist
florería

(veJ-ta-bol) *(sel-er)* *(grin-gro-ser)*
vegetable seller/ greengrocer_____
verdulería

_____   _____

(keam-ra)
camera shop _____
tienda de cámaras

(mar-ket)
market _____
mercado

(su-per-mar-ket)
supermarket _____
supermercado

(Ju-ler)
jeweler _____
joyero

(bei-kri)
bakery _*bakery, bakery*_____
panadería

(kaf-i) *(shap)*
coffee shop _____
café

(lan-Dro-meat)
laundromat _____
lavandería

(af-Is) *(sa-plai)* *(stor)*
office supply store
tienda de artículos de oficina

(jer-Dres-er)
hairdresser
peluquería

In the United States, la planta baja se llama

the *(ferst)* *(flor)* **first floor** or the *(graunD)* **ground floor.** El
primer piso

próximo piso es el segundo piso, etcétera.

_____   _____

103

The Department Store
(Di-part-ment) *(stor)*
gran almacén

A estas alturas, **you** debería estar casi listo para **your trip to the** países de habla **English.** Usted ha ido a comprar las cosas de última hora. Probablemente el directorio de su gran almacén local no se parece al que está descrito **below. You know that** "**children**" *(chIl-Dren)* significa "<u>niños</u>." Entonces, si **you need** alguna cosa **for a child,** *(chailD)* <u>niño</u> probablemente **you** iría al **second or third floor,** ¿no?

4. floor	**dishes/crockery** **crystal** **beds** **linens**	**silverware/cutlery** **kitchen** **appliances** **lighting**	**ceramics** **porcelain** **electrical** **appliances**
3. floor	**computers** **televisions** **children's** **furniture**	**radios** **musical** **instruments** **stationery**	**compact discs** **restaurant** **newspapers** **magazines**
2. floor	**children's** **department** **women's clothing** **women's hats**	**men's clothing** **infants' shoes** **camera department** **toys**	**cosmetics** **antiques** **furniture** **carpets**
1. floor	**auto accessories** **lingerie** **handkerchiefs** **keys**	**swimsuits** **women's shoes** **men's shoes** **books**	**sporting goods** **tools** **camping equipment** **tobacco**
B. basement	**umbrellas** **maps** **men's hats** **jewelry**	**gloves** **leather goods** **socks** **belts**	**clocks/watches** **perfume** **cafeteria** **bakery**

Empecemos una lista **for your trip.** Además de **clothing,** *(klo-dIng)* <u>ropa</u> **what do you need to pack?** *(peak)* <u>empacar</u> Mejor todavía, arregle estas cosas **in a corner of your house.** Revise **and** asegúrese de que **they are clean and** *(klin)* <u>limpias</u> listas **for your trip.** Haga lo mismo con el resto **of the things** que **you** empaque. En las siguientes **pages,** una a cada palabra con su **picture,** dibuje **a line** hacia los dibujos **and** escriba **the word** muchas veces. **Do not** se olvide de tomar el próximo grupo de autoadhesivos **and** de ponerlos sobre los objetos correspondientes **today.**

(peas-port)
passport
pasaporte

(tIk-et)
ticket
billete/boleto

(sut-keis)
suitcase
maleta

(jeanD-beig)
handbag
bolsa

handbag, handbag ✓

(ual-et)
wallet
billetera

(man-i)
money
dinero

(kre-DIt) (karDz)
credit cards
tarjetas de crédito

(treav-ol-erz) (cheks)
traveler's checks
cheques viajeros

(keam-ra)
camera

(fIlm)
film
película

(suIm-sut)
swimsuit
traje de baño

(suIm-sut)
swimsuit
traje de baño

(sean-Dolz)
sandals

(san-glea-sez)
sunglasses
anteojos/gafas de sol

(tud-brash)
toothbrush
cepillo de dientes

(tud-peist)
toothpaste
pasta dentífrica

(sop)
soap
jabón

(rei-zor)
razor
navaja de afeitar

(Di-o-Der-ent)
deodorant
desodorante

105

(kom)
comb
peine

(o-ver-kot)
overcoat
abrigo

(am-brel-la)
umbrella
paraguas

(rein-kot)
raincoat
impermeable

(glavz)
gloves
guantes

(jeat)
hat
sombrero

(jeat)
hat
sombrero

(buts)
boots
botas

(shuz)
shoes
zapatos

(ten-Is)
tennis shoes
zapatos de tenis

(sut)
suit
traje

(tai)
tie
corbata

(shert)
shirt
camisa

(jeang-ker-chIf)
handkerchief
pañuelo

(Jeak-et) *(blei-zer)*
jacket/ blazer
chaqueta

(trau-serz)
trousers
pantalones

(Jinz)
jeans
bluyines

(shorts)
shorts
pantalones cortos

(ti-shert)
T-shirt
camiseta

comb , comb, comb ☑

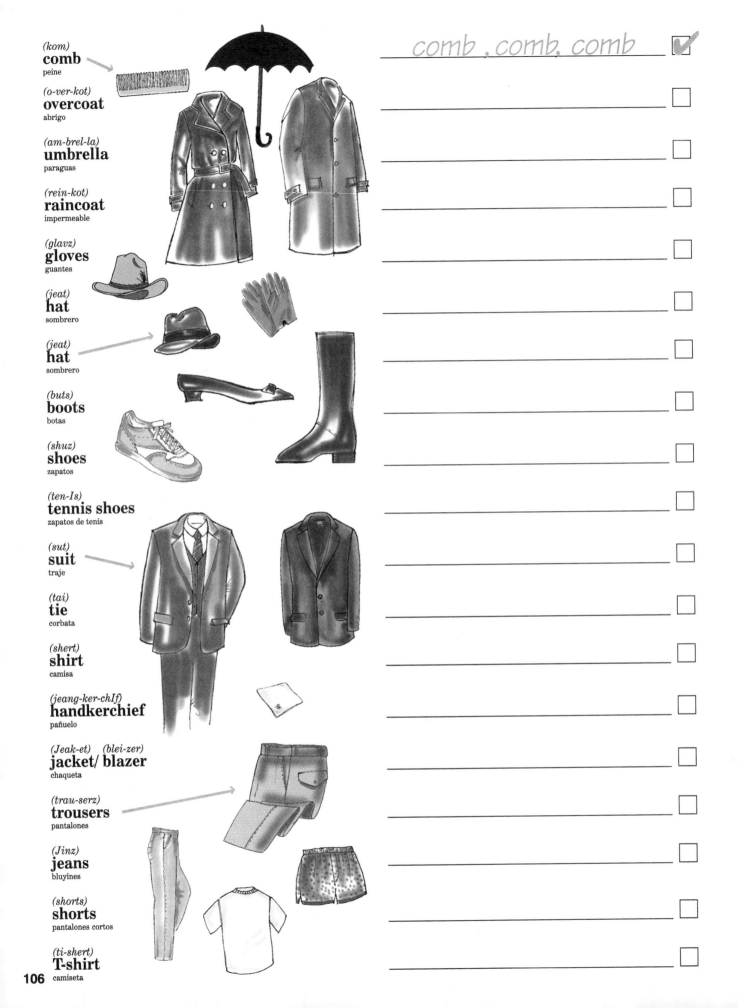

(an-Der-peants)
underpants
calzoncillos

☐

(an-Der-shert)
undershirt
camiseta

☐

(Dres)
dress
vestido

☐

(blaus)
blouse
blusa

☐

(skert)
skirt
falda

skirt, skirt, skirt ✓

(suet-er)
sweater
suéter

☐

(slIp)
slip
enagua/fuste

☐

(bra)
bra
sostén

☐

(an-Der-peants)
underpants
calzoncillos

☐

(saks)
socks
calcetines

☐

(pean-ti-hoz)
pantyhose
medias

☐

(pa-Jea-maz)
pajamas

☐

(nait-shert)
nightshirt
camisa de dormir

☐

(bead-rob)
bathrobe
bata de baño

☐

(slIp-erz)
slippers
zapatillas

☐

De hoy en adelante, **you have "toothpaste,"** *(tud-peist)* **and not** pasta dentífrica. Una vez que tenga listas

these things, you are listo **for your trip.** Agreguemos a su repertorio básic estas **important**

frases para ir de compras.

(uat) *(saiz)*
What size? _____
qué   talla

(fIts)
It fits well. _____
me queda bien

(Daz) *(nat)*
It does not fit. _____
no me queda bien

107

Complázcace con un repaso final. **You** sabe **the names for American and English stores,** vamos de compras. Tan solo recuerde las **questions** claves **that you** aprendió en el capítulo 2. Ya sea que **you need jeans or tennis shoes, the necessary words are the same.**

1. Primer paso — *(uer)* **where?**

Where is the movie theater?   **Where is the bank?**   **Where is the newstand?**

_____

(¿Dónde está el gran almacén?)

_____

(¿Dónde está la tienda de comestibles?)

_____

(¿Dónde está el mercado?)

2. El próximo paso — dígales lo que **you** desea comprar, necesita, **want or** quisiera ver.

(niD) **I need . . .**   *(Du)* *(jeav)* **Do you have . . .**   *(wuD)* *(laik)* **I would like . . . ?**
nesesito   tiene usted

_____

(¿Tiene usted tarjetas postales?)

_____

(Yo quisiera comprar cuatro sellos.)

_____

(Yo necesito pasta dentífrica.)

_____

(Yo quisiera comprar película.)

_____

(¿Tiene usted café?)

Mire a través del glosario al final de **this book and** seleccione **twenty words.** Practique los ejercicios arriba **with these twenty words.** No se engañe. Practíquelos **today. Now,** tome **twenty more words from your** glosario **and** haga lo mismo.

3. El próximo paso — averigue *(jau)* *(mach)* *(kasts)* **how much it costs.**
   cuánto cuesta

How much is this?   **How much is a stamp?**   **How much is a pound of apples?**
                                                                                      manzanas

_____

(¿Cuánto cuesta el jabón?)

_____

(¿Cuánto cuesta la pasta dentífrica?)

_____

(¿Cuánto cuesta una taza de té?)

4. Capítulo cuarto — éxito! Lo encontré!

Una vez que **you find** lo que **you** quiere, **say,**

I would like *(dIs)* **this, please.** _____

or

Give me that, please. _____

Or si **you** no le gusta,

I would *(nat)* **not like this, thank you.** _____

or

No thank you. _____

Felicitaciones! **You** ha terminado. A estas alturas **you** ya habrá pegado sus autoadhesivos, estudiado sus fichas, recortado **your** guía de menú **and** Compañero de Bolsillo™, **and** empacado sus maletas. **You** debería estar **very** contento con su logro. **You have** aprendido lo que a otros, algunas veces, toma años aprender **and you** esperamos que se haya divertido haciéndolo.

Have a good trip!

Glosario

Este glosario contiene solamente palabras usadas en este libro. No intenta ser un diccionario. Considere comprar un diccionario que se ajuste a sus necesidades - pequeño para llevar en sus viajes, con muchas referencias o especializado en el vocabulario que usted necesite.

Todas las palabras están en orden alfabético seguidas por la guía de pronunciación usada en este libro. No se les da todas las variaciones de una palabra. En su mayoría las palabras están escritas en singular.

A

a *(ei)* .... un, una
a little *(ei)(lI-tel)* .... poco
a lot *(ei)(lat)* .... mucho
about *(a-baut)* .... a cerca de
above *(a-bav)* .... arriba
accident *(eak-se-Dent)* .... accidente
across *(a-kras)* .... a través
active *(eak-tIv)* .... activo
address *(a-Dres)* .... dirección
Africa *(af-ra-ka)* .... África
after *(eaf-ter)* .... después
afternoon *(eaf-ter-nun)* .... tarde
again *(a-gen)* .... otra vez
agency *(ei-Jen-si)* .... agencia
agriculture *(eag-rI-kol-chur)* .... agricultura
airline *(er-lain)* .... aerolínea
airmail *(er-meil)* .... por avión
airplane *(er-plein)* .... avión
airport *(er-port)* .... aeropuerto
alarm clock *(a-larm)(klak)* .... despertador
algebra *(eal-Je-bra)* .... álgebra
also *(al-so)* .... también
am *(eam)* .... soy/estoy
ambulance *(eam-biu-lens)* .... ambulancia
America *(a-mer-a-ka)* .... América
American *(a-mer-a-ken)* .... americano
American Samoa *(a-mer-a-ken)(sa-mo-a)* .. Samoa Oriental
an *(ean)* .... un, una
and *(eanD)* .... y
animal *(ean-a-mal)* .... animal
answers *(ean-serz)* .... respuestas
appetite *(eap-a-tait)* .... apetito
appetizers *(eap-a-tai-zerz)* .... aperitivos
apple *(ea-pol)* .... manzana
application *(eap-lI-kei-shen)* .... aplicación
approximately *(a-prak-sa-mIt-li)* .... aproximadamente
April *(ei-prIl)* .... abril
aquarium *(a-kwer-i-am)* .... acuario
arch *(arch)* .... arco
area code *(er-i-a)(koD)* .... código del área
are *(ar)* .... están/son
arrival *(a-rai-vol)* .... llegada
arrive *(a-raiv)* .... llega/llegar
art *(art)* .... arte
artist *(ar-tIst)* .... artista
Asia *(ei-zha)* .... Asia
ask *(eask)* .... preguntar
aspirin *(eas-prIn)* .... aspirina
at *(eat)* .... a las, a
attention *(a-ten-shen)* .... atención
auditorium *(a-De-tor-i-am)* .... auditorio
August *(a-gest)* .... agosto
aunt *(eant)* .... tía
Australia *(a-streil-lla)* .... Australia
automobile *(a-to-mo-bil)* .... automóvil
autumn *(a-tem)* .... otoño

B

bacon *(bei-ken)* .... tocino
bad *(beaD)* .... malo
baggage claim *(beag-IJ)(kleim)* .... reclamo de maletas
Bahamas *(ba-ha-maz)* .... Las Bahamas
baked *(beikD)* .... al horno
bakery *(bei-kri)* .... panadería
balcony *(beal-ka-ni)* .... balcón
ballet *(beal-ei)* .... ballet
banana *(ba-nean-a)* .... plátano
bank *(beank)* .... banco
bar *(bar)* .... taberna
basement *(beis-ment)* .... sótano
bath *(bead)* .... baño
bathrobe *(bead-rob)* .... bata de baño
bathroom *(bead-rum)* .... cuarto de baño
beach *(bich)* .... playa
bed *(beD)* .... cama
bedroom *(beD-rum)* .... dormitorio
beef *(bif)* .... res
beefsteak *(bif-steak)* .... bistec
beer *(bIr)* .... cerveza
before *(bi-for)* .... antes
begin *(bi-gIn)* .... empieza/empezar
behind *(bi-jainD)* .... detrás de
Belize *(be-liz)* .... Belice
below *(bi-lo)* .... abajo
between *(bi-tuin)* .... entre
beverages *(bev-rI-Jez)* .... bebidas
bicycle *(bai-sa-kol)* .... bicicleta
big *(bIg)* .... grande
bill *(bIl)* .... cuenta
bill *(bIl)* .... billete de banco
black *(bleak)* .... negro
bland *(bleanD)* .... blando
blanket *(bleing-kIt)* .... cobija/manta
blazer *(blei-zer)* .... chaqueta
blocks *(blaks)* .... cuadras
blouse *(blaus)* .... blusa
blue *(blu)* .... azul
blue jeans *(blu)(Jinz)* .... bluyines
boiled *(boilD)* .... hervido
book *(buk)* .... libro
bookstore *(buk-stor)* .... librería
boots *(buts)* .... botas
bottle *(ba-tol)* .... botella
bottom *(ba-tam)* .... final
boy *(boi)* .... niño, muchacho
bra *(bra)* .... sostén
bread *(breD)* .... pan
breakfast *(brek-fest)* .... desayuno
broiled *(broilD)* .... a la plancha
brother *(bra-der)* .... hermano
brown *(braun)* .... marrón/café
bus *(bas)* .... autobús
busy *(bIz-i)* .... ocupado
but *(bat)* .... pero

butcher shop *(but-cher)(shap)* . . . . carnicería
butter *(bat-er)* . . . . mantequilla
buy *(bai)* . . . . comprar
by *(bai)* . . . . en/por

C

cafeteria *(keaf-e-tIr-i-a)* . . . . café/restaurante
calendar *(keal-en-Der)* . . . . calendario
call *(kal)* . . . . llamada
calm *(kalm)* . . . . calma
camera *(keam-ra)* . . . . cámara
can *(kean)* . . . . puede/poder
Canada *(kean-a-Da)* . . . . Canadá
Canadian *(ka-nei-Di-en)* . . . . canadiense
candle *(kean-Dol)* . . . . vela
capital *(keap-e-tol)* . . . . capital
car *(kar)* . . . . carro
car rental agency *(kar)(ren-tol)(ei-Jen-si)* . . . .
. . . . agencia de carros de alquiler
carpet *(kar-pet)* . . . . alfombra
cashier *(kea-shIr)* . . . . cajero
cat *(keat)* . . . . gato
Catholic *(kead-lIk)* . . . . católica
cent *(sent)* . . . . centavo
center *(sen-ter)* . . . . centro
centigrade *(sen-ta-greid)* . . . . centígrado
cereal *(sIr-i-ol)* . . . . cereal
chair *(cher)* . . . . silla
change *(cheinJ)* . . . . cambio
change *(cheinJ)* . . . . cambiar
check *(chek)* . . . . cheque
cheese *(chiz)* . . . . queso
child *(chailD)* . . . . niño/niña
children *(chIl-Dren)* . . . . niños
China *(chai-na)* . . . . China
Chinese *(chai-niz)* . . . . Chino
chocolate *(chak-let)* . . . . chocolate
church *(church)* . . . . iglesia
circle *(ser-kol)* . . . . círculo
city *(sI-ti)* . . . . ciudad
civil *(sIv-ol)* civil
class *(kleas)* . . . . clase
clean *(klin)* . . . . limpio
clock *(klak)* . . . . reloj
clocktower *(klak-tau-er)* . . . . torre de reloj
close *(kloz)* . . . . cerrar
closed *(klozD)* . . . . cerrado
closet *(kla-set)* . . . . ropero
clothing *(klo-dIng)* . . . . ropa
cloudy *(klau-Di)* . . . . nublado
coffee *(kaf-i)* . . . . café
coffee shop *(kaf-i)(shap)* . . . . café
coin *(koin)* . . . . moneda
cold *(kolD)* . . . . frío
college *(kal-IJ)* . . . . colegio
colors *(kal-urz)* . . . . colores
column *(kal-em)* . . . . columna
comb *(kom)* . . . . peine
come *(kam)* . . . . venir
company *(kam-pa-ni)* . . . . compañía
compartment *(kam-part-ment)* . . . . compartimiento
complete *(kam-plit)* . . . . completar
computer *(kam-pu-ter)* . . . . computadora
concert *(kan-sert)* . . . . concierto
continue *(kan-tIn-yu)* . . . . continuar
conversation *(kan-ver-sei-shen)* . . . . conversación
cooked *(kukD)* . . . . cocido
corner *(kor-ner)* . . . . esquina

correct *(ko-rekt)* . . . . correcto
cost *(kast)* . . . . cuesta/costar
counter *(kaun-ter)* . . . . tablero
country *(kan-tri)* . . . . país
country code *(kan-tri)(koD)* . . . . código del país
coupon *(kiu-pan)* . . . . cupón
cowboy hat *(kau-boi)(jeat)* . . . . sombrero de vaquero
cream *(krim)* . . . . crema
credit cards *(kre-DIt)(karDz)* . . . . tarjetas de crédito
crossword puzzle *(kras-uorD)(paz-ol)* . . . . crucigrama
culture *(kol-chur)* . . . . cultura
cup *(kap)* . . . . taza
cupboard *(kab-urD)* . . . . armario
curtain *(kur-tIn)* . . . . cortina
customs *(kas-temz)* . . . . costumbres

D

daily special *(Dei-li)(spesh-el)* . . . . especial del día
dairy *(Der-i)* . . . . lechería
dance *(Deans)* . . . . danza, baile
dateline *(Deit-lain)* . . . . meridiano de cambio de fecha
daughter *(Da-ter)* . . . . hija
day *(Dei)* . . . . día
December *(De-sem-ber)* . . . . diciembre
decent *(Di-sent)* . . . . decente
degrees *(DI-griz)* . . . . grados
delicatessen *(Del-e-ke-tes-en)* . . . . tienda de fiambres
delicious *(Di-lIsh-es)* . . . . delicioso
deodorant *(Di-o-Der-ent)* . . . . desodorante
department *(Di-part-ment)* . . . . departamento
department store *(Di-part-ment)(stor)* . . . . . . gran almacén
departure *(Di-par-chur)* . . . . partida/salida
designation *(Des-Ig-nei-shen)* . . . . designación
desk *(Desk)* . . . . escritorio
desserts *(Di-zerts)* . . . . postres
destination *(Des-te-nei-shen)* . . . . destino
detour *(Di-tur)* . . . . desvío
dictionary *(DIk-sha-ner-i)* . . . . diccionario
different *(DIf-er-ent)* . . . . diferente
difficult *(DIf-a-kalt)* . . . . difícil
digits *(DI-JIts)* . . . . números
dime *(Daim)* . . . . diez centavos
dining room *(Dain-Ing)(rum)* . . . . comedor
dinner *(DIn-er)* . . . . cena
direct flights *(DI-rekt)(flaits)* . . . . vuelos directos
direction *(DI-rek-shen)* . . . . dirección
distance *(DIs-tens)* . . . . distancia
do *(Du)* . . . . hacer
do, does *(Du)*, *(Daz)* . . . . usado con otros verbos
doctor *(Dak-tur)* . . . . doctor
document *(Dak-yu-ment)* . . . . documento
dog *(Dag)* . . . . perro
dollar *(Dal-er)* . . . . dólar
domestic *(Do-mes-tIk)* . . . . doméstico
don't *(dont)* . . . . no
door *(Dor)* . . . . puerta
downstairs *(Daun-sterz)* . . . . abajo
dress *(Dres)* . . . . vestido
drink *(DrInk)* . . . . beber
drive *(Draiv)* . . . . manejar
drugstore *(Drag-stor)* . . . . farmacia
dry cleaner's *(Drai)(kli-nerz)* . . . . limpieza en seco

E

east *(ist)* . . . . este
East Coast *(ist)(kost)* . . . . costa del este
eat *(it)* . . . . comer
effect *(I-fekt)* . . . . efecto **111**

eggs *(egz)* . . . . huevos
eight *(eit)* . . . . ocho
eighteen *(ei-tin)* . . . . dieciocho
eighty *(ei-ti)* . . . . ochenta
electric *(I-lek-trIk)* . . . . eléctrico
elevator *(el-a-vei-tor)* . . . . ascensor
eleven *(I-lev-en)* . . . . once
emergency *(I-mer-Jen-si)* . . . . emergencia
emergency exit *(I-mer-Jen-si)(ek-sIt)* . . salida de emergencia
England *(Ing-lenD)* . . . . Inglaterra
English *(Ing-lIsh)* . . . . inglés
enjoy your meal *(en-joi)(yor)(mil)* . . . . buen provecho
enormous *(I-nor-mes)* . . . . enorme
enter *(en-ter)* . . . . entre/entrar
entrance *(en-trens)* . . . . entrada
error *(er-ur)* . . . . error
Europe *(yur-ap)* . . . . Europa
evening *(iv-nIng)* . . . . noche
every *(ev-ri)* . . . . cada
everything *(ev-ri-dIng)* . . . . todo
example *(Ig-zeam-pol)* . . . . ejemplo
excellent *(ek-se-lent)* . . . . excelente
exchange *(eks-cheinJ)* . . . . cambio de dinero
excuse me *(eks-kiuz)(mi)* . . . . perdóneme
exit *(ek-sIt)* . . . . salida/salir
expensive *(eks-pen-sIv)* . . . . caro

F

Fahrenheit *(fer-In-jait)* . . . . Fahrenheit
faith *(feid)* . . . . fe
family *(feam-I-li)* . . . . familia
famous *(fei-mes)* . . . . famoso
fast *(feast)* . . . . rápido
father *(fa-der)* . . . . padre
favor *(fei-vor)* . . . . favor
fax *(feaks)* . . . . fax
February *(feb-ru-er-i)* . . . . febrero
feet *(fit)* . . . . pies
fifteen *(fIf-tin)* . . . . quince
fifty *(fIf-ti)* . . . . cincuenta
figure *(fig-yor)* . . . . figura
film *(fIlm)* . . . . film, película
filter *(fIl-ter)* . . . . filtro
final *(fai-nol)* . . . . final
find *(fainD)* . . . . encuentra/encontrar
first floor *(ferst)(flor)* . . . . primer piso
fish *(fIsh)* . . . . pescado
fits well *(fIts)(uel)* . . . . me queda bien
five *(faiv)* . . . . cinco
flight *(flait)* . . . . vuelo
flight schedule *(flait)(skeD-Jiul)* . . . . . . horario de vuelo
florist *(flor-Ist)* . . . . florista
flower *(flau-er)* . . . . flor
flowers *(flau-erz)* . . . . flores
fly *(flai)* . . . . volar
flying *(flai-Ing)* . . . . volando
foggy *(fag-i)* . . . . nublado
following *(fal-o-Ing)* . . . . siguiente
food *(fuD)* . . . . alimento
foot *(fut)* . . . . pie
for example *(for)(Ig-zeam-pol)* . . . . por ejemplo
forest *(for-Ist)* . . . . floresta, bosque
fork *(fork)* . . . . tenedor
form *(form)* . . . . forma
fortune *(for-chen)* . . . . fortuna
forty *(for-ti)* . . . . cuarenta
fountain *(faun-ten)* . . . . fuente
112 four *(for)* . . . . cuatro

fourteen *(for-tin)* . . . . catorce
France *(freans)* . . . . Francia
free *(fri)* . . . . libre
freeway *(fri-uei)* . . . . autopista/carretera
French *(french)* . . . . francés
fresh *(fresh)* . . . . fresco
Friday *(frai-Dei)* . . . . viernes
fried *(fraiD)* . . . . frito
friend *(frenD)* . . . . amigo
from *(fram)* . . . . de
fruit *(frut)* . . . . fruta
future *(fiu-chur)* . . . . futuro

G

gallery *(geal-e-ri)* . . . . galería
gallon *(geal-en)* . . . . galón
garage *(ga-raJ)* . . . . garaje
garden *(gar-Den)* . . . . jardín
gas *(geas)* . . . . gasolina
gas station *(geas)(stei-shen)* . . . . gasolinera
gate *(geit)* . . . . puerta de entrada
gasoline *(geas-a-lin)* . . . . gasolina
generally *(Jen-er-a-li)* . . . . generalmente
German *(Jer-men)* . . . . alemán
Gibraltar *(JI-bral-ter)* . . . . Gibraltar
girl *(gerl)* . . . . niña, muchacha
give me *(gIv)(mi)* . . . . dame/deme
glass *(gleas)* . . . . vaso
glasses *(glea-sez)* . . . . anteojos/gafas
gloves *(glavz)* . . . . guantes
GMT . . . . Hora meridiana de Greenwich
go *(go)* . . . . ir/vaya
good *(guD)* . . . . bueno
good afternoon *(guD)(eaf-ter-nun)* . . . . buenas tardes
goodbye *(guD-bai)* . . . . adiós
good evening *(guD)(iv-nIng)* . . . . buenas noches
good luck *(guD)(lak)* . . . . buena suerte
good morning *(guD)(mor-nIng)* . . . . buenos días
good night *(guD)(nait)* . . . . buenas noches
government *(gov-er-ment)* . . . . gobierno
grain *(grein)* . . . . grano
grand *(greanD)* . . . . gran
grandfather *(greanD-fa-der)* . . . . abuelo
grandmother *(greanD-ma-der)* . . . . abuela
grandparents *(greanD-per-ents)* . . . . abuelos
gray *(grei)* . . . . gris
grease *(gris)* . . . . grasa
Great Britain *(greit)(brI-tIn)* . . . . Gran Bretaña
green *(grin)* . . . . verde
greengrocer *(grin-gro-ser)* . . . . verdulería
grilled *(grIlD)* . . . . a la parrilla
grocery store *(gro-se-ri)(stor)* . . . tienda de abarrotes/comestibles
ground floor *(graunD)(flor)* . . . . primer piso
group *(grup)* . . . . grupo
Guam *(guam)* . . . . Guam
guide *(gaiD)* . . . . guía

H

habit *(jea-bIt)* . . . . hábito
hairdresser *(jer-Dres-er)* . . . . peluquería
half past *(jeaf)(peast)* . . . . y media
ham *(jeam)* . . . . jamón
hamburger *(jeam-bur-ger)* . . . . hamburguesa
handbag *(jeanD-beig)* . . . . bolsa
handicap access *(jean-Di-keap)(eak-ses)* . . . .
. . . . acceso para personas desabilitadas
handmade crafts *(jeanD-meiD)(kreafts)* . . . . artesanías
handkerchief *(jeang-ker-chIf)* . . . . pañuelo

hash browns (jeash)(braunz) . . . . . picadillo de papas fritas
has, have (jeaz), (jeav) . . . . tiene/tener
hat (jeat) . . . . sombrero
have (jeav) . . . . tener
have a good trip (jeav)(ei)(guD)(trIp) . . . . buen viaje
have fun (jeav)(fan) . . . . diviértase
have to (jev)(tu) . . . . tener que
he (ji) . . . . él
healthy (jel-di) . . . . sano
hello (jel-o) . . . . hola
her (jur) . . . . su
here (jIr) . . . . aquí
hero (jIr-o) . . . . héroe
hi (jai) . . . . hola
high (jai) . . . . alta
hills (jIlz) . . . . colinas
his (jIz) . . . . su
history (jIs-to-ri) . . . . historia
honor (an-or) . . . . honor
hospital (jas-pI-tal) . . . . hospital
host (jost) . . . . huésped
hostess (jos-tes) . . . . huéspeda
hot (jat) . . . . calor, caliente
hotel (jo-tel) . . . . hotel
hour (aur) . . . . hora
house (jaus) . . . . casa
how (jau) . . . . cómo
How are you? (jau)(ar)(yu) . . . . . . ¿Cómo está usted?
how many (jau)(men-i) . . . . cuántos
how much (jau)(mach) . . . . cuánto
how often (jau)(a-fen) . . . . cuántas veces
humid (jiu-mID) . . . . húmedo
humor (jiu-mor) . . . . humor
hundred (jan-DreD) . . . . ciento
hungry (jan-gri) . . . . con hambre

I

I (ai) . . . . yo
I would like (ai)(wuD)(laik) . . . . yo quisiera
ice cream (ais)(krim) . . . . helado
idea (ai-Di-a) . . . . idea
identical (ai-Den-ti-kol) . . . . idéntico
illustration (Il-a-strei-shen) . . . . ilustración
imagination (I-meaJ-a-nei-shen) . . . . imaginación
important (Im-por-tent) . . . . importante
in (In) . . . . en
India (In-Di-a) . . . . India
industry (In-Das-tri) . . . . industria
inexpensive (In-eks-pen-sIv) . . . . barato
information (In-for-mei-shen) . . . . información
in front of (In)(frant)(av) . . . . delante de
instant (In-stent) . . . . instante
instructions (In-strak-shenz) . . . . instrucciones
intelligent (In-tel-e-Jent) . . . . inteligente
interesting (In-trIs-tIng) . . . . interesante
international (In-tel-nea-shen-ol) . . . . . . internacional
into/in (In-tu)/(In) . . . . dentro de
invitation (In-va-tei-shen) . . . . invitación
Ireland (air-lenD) . . . . Irlanda
is (Iz) . . . . es, está
island (ai-lenD) . . . . isla
it (It) . . . . lo

J

jacket (Jeak-et) . . . . chaqueta
jam (Jeam) . . . . mermelada
January (Jean-yu-er-i) . . . . enero
jasmine (Jeas-mIn) . . . . jazmín

jeans (Jinz) . . . . bluyines
jeep (Jip) . . . . jeep
jeweler (Ju-ler) . . . . joyero
Jewish (Ju-Ish) . . . . judía
juice (Jus) . . . . jugo
July (Ju-lai) . . . . julio
jumper (Jamp-er) . . . . suéter
June (Jun) . . . . junio
just a moment (Jast)(ei)(mo-ment) . . . . un momento
justice (Jas-tIs) . . . . justicia

K

kitchen (kIt-chen) . . . . cocina
knife (naif) . . . . cuchillo
know (no) . . . . saber

L

lake (leik) . . . . lago
lamb (leam) . . . . cordero
lamp (leamp) . . . . lámpara
language (lean-guiJ) . . . . lenguaje
lanolin (lean-o-lIn) . . . . lanolina
large (larJ) . . . . grande, largo
last (least) . . . . durar
laundromat (lan-Dro-meat) . . . . lavandería
lavatory (leav-a-tor-i) . . . . baño/lavatorio
learn (lern) . . . . aprender
leave (liv) . . . . salir
left (left) . . . . izquierda
legal (li-gol) . . . . legal
lemon (lem-en) . . . . limón
lemonade (lem-e-neiD) . . . . limonada
lesson (les-en) . . . . lección
letter (let-er) . . . . carta
liberty (lIb-er-ti) . . . . libertad
license (lai-sens) . . . . licencia
life (laif) . . . . vida
lift (lIft) . . . . ascensor
lime (laim) . . . . lima
limit (lIm-It) . . . . límite
line (lain) . . . . línea
liquid (lI-kuID) . . . . líquido
liquor (lIk-er) . . . . licor
list (lIst) . . . . lista
liter (lit-er) . . . . litro
live (lIv) . . . . vivir
living room (lIv-Ing)(rum) . . . . sala
local (lo-kol) . . . . local
London (lan-Den) . . . . Londres
long (lang) . . . . largo
lose (luz) . . . . perder
lost and found (last)(eanD)(faunD) . . perdido y encontrado
love (lav) . . . . gustar
luck (lak) . . . . suerte
lunch (lanch) . . . . almuerzo

M

magazine (meag-a-zin) . . . . revista
mail (meil) . . . . correo
mailbox (meil-baks) . . . . buzón
main (mein) . . . . principal
main entrance (mein)(en-trens) . . . . entrada principal
make (meik) . . . . hacer
man (mean) . . . . hombre
many (men-i) . . . . muchos
map (meap) . . . . mapa
March (march) . . . . marzo
margarine (mar-Je-rIn) . . . . margarina **113**

market (mar-ket)	mercado
May (mei)	mayo
me (mi)	me
meal (mil)	comida
meat (mit)	carne
medicine (meD-I-sIn)	medicina
melody (mel-a-Di)	melodía
men (men)	hombres
menu (men-yu)	menú
metal (met-ol)	metal
meter (mi-ter)	metro
Mexican (mek-sI-ken)	mexicano
Mexico (mek-sI-ko)	México
midnight (mID-nait)	medianoche
mile (mail)	milla
milk (mIlk)	leche
minute (mIn-It)	minuto
mirror (mIr-or)	espejo
miss (mIs)	señorita
modern (maD-ern)	moderno
moment (mo-ment)	momento
Monday (man-Dei)	lunes
money (man-i)	dinero
month (mand)	mes
more (mor)	más
morning (mor-nIng)	mañana
mother (ma-der)	madre
motor (mo-tur)	motor
motorcycle (mo-tor-sai-kol)	motocicleta
movie theater (mu-vi)(di-ei-ter)	cine
Mr. (mIs-ter)	señor
Mrs. (mIs-Iz)	señora
much (mach)	mucho
multicolored (mol-tI-kal-urD)	multicolor
museum (miu-zi-em)	museo
music (miu-zIk)	música
must (mast)	tener que
my (mai)	mi

N

name (neim)	nombre
my name is (mai)(neim)(Iz)	me llamo/mi nombre es
napkin (neap-kIn)	servilleta
nation (nei-shen)	nación
native (nei-tIv)	nativo
natural (neach-a-rol)	natural
necessary (nes-e-ser-i)	necesario
need (niD)	necesitar
new (nu)	nuevo
newspaper (nuz-pei-per)	periódico
newsstand (nuz-steanD)	quiosco de periódicos
New York (nu)(york)	Nueva York
New Zeland (nu)(zi-lenD)	Nueva Zelanda
next (nekst)	próximo
next to (nekst)(tu)	cerca de
nickel (nIk-ol)	cinco centavos
night (nait)	noche
nightshirt (nait-shert)	camisa de dormir
nine (nain)	nueve
nineteen (nain-tin)	diecinueve
ninety (nain-ti)	noventa
no (no)	no
non-smoking section (nan-smok-Ing)(sek-shen)	sección de no fumar
non-stop (nan-stap)	sin escalas
noon (nun)	mediodía
normal (nor-mal)	normal
114 north (nord)	norte

North America (nord)(a-mer-a-ka)	América del Norte
North Pole (nord)(pol)	Polo Norte
Northern Ireland (nor-dern)(air-lenD)	Irlanda del Norte
not (nat)	no
note (not)	observe
nothing (na-dIng)	nada
notice (no-tIs)	noticia
notion (no-shen)	noción
novel (nav-el)	novela
November (no-vem-ber)	noviembre
now (nau)	ahora
number (nam-ber)	número
nylon (nai-lan)	nilón

O

object (ab-Jekt)	objeto
occasion (o-kei-zhen)	ocasión
occupied (ak-yu-paiD)	ocupado
ocean (o-shen)	océano
o'clock (o-klak)	en punto
October (ak-to-ber)	octubre
of (av)	de
office (af-Is)	oficina
office supply store (af-Is)(sa-plai)(stor)	tienda de artículos de oficina
often (a-fen)	a menudo
old (olD)	viejo
olive (al-Iv)	oliva, aceituna
on (on)	sobre
one (uan)	uno
one-way (uan-uei)	una ida
only (on-li)	solamente
open (o-pen)	abierto, abra/abrir
opera (ap-ra)	ópera
operator (ap-e-rei-tor)	operadora
opportunity (ap-er-tu-ne-ti)	oportunidad
or (or)	o
orange (or-enJ)	naranja
orange juice (or-enJ)(Jus)	jugo de naranja
order (or-Der)	ordenar
ordinary (or-De-ner-i)	ordinario
original (a-rIJ-a-nol)	original
our (ar)	nuestro
out of (aut)(av)	fuera de
over (o-ver)	sobre
overcoat (o-ver-kot)	abrigo

P

Pacific Ocean (pa-sI-fIk)(o-shen)	Océano Pacífico
pack (peak)	empacar
package (peak-IJ)	paquete
page (peiJ)	página
pajamas (pa-Jea-maz)	pijamas
pancakes (pean-keiks)	panqueques/hojuelas
pants (peants)	pantalones
pantyhose (pean-ti-hoz)	medias
paper (pei-per)	papel
pardon (par-Den)	perdón
parents (per-ents)	padres
park (park)	parque
parking lot (park-Ing)(lat)	estacionamiento
Parliament (par-le-ment)	Parlamento
part (part)	parte
party (part-i)	partido
passenger (peas-en-Jer)	pasajero
passing (peas-Ing)	pasar
passport (peas-port)	pasaporte
pastry (peis-tri)	pastel

pay *(pei)* . . . . pagar	
peace *(pis)* . . . . paz	
pen *(pen)* . . . . pluma	
pencil *(pen-sol)* . . . . lápiz	
penny *(pen-ni)* . . . . centavo	
people *(pi-pol)* . . . . personas	
pepper *(pep-er)* . . . . pimienta	
percent *(per-sent)* . . . . por ciento	
period *(pIr-i-ID)* . . . . período	
person *(per-san)* . . . . persona	
petrol *(pet-rol)* . . . . gasolina	
phone *(fon)* . . . . teléfono/llamar por teléfono	
piano *(pi-ean-o)* . . . . piano	
picture *(pIk-chur)* . . . . cuadro	
pie *(pai)* . . . . pastel	
pieces *(pi-sez)* . . . . hojas	
pillow *(pIl-o)* . . . . almohada	
pink *(pInk)* . . . . rosado	
plan *(plean)* . . . . plan	
plane *(plein)* . . . . avión	
plant *(pleant)* . . . . planta	
plate *(pleit)* . . . . plato	
platform *(pleat-form)* . . . . andén	
please *(pliz)* . . . . por favor	
point *(point)* . . . . punto	
police *(po-lis)* . . . . policía	
police station *(po-lis)(stei-shen)* . . . . policía	
poor *(por)* . . . . pobre	
pork *(pork)* . . . . cerdo	
port *(port)* . . . . puerto	
porter *(por-ter)* . . . . portero	
portion *(por-shen)* . . . . porción	
possibility *(pas-I-bIl-I-ti)* . . . . posibilidad	
possible *(pas-a-bol)* . . . . posible	
post *(post)* . . . . correo	
postcard *(post-karD)* . . . . tarjeta postal	
post office *(post)(af-Is)* . . . . oficina de correos	
poultry *(pol-tri)* . . . . ave	
pound *(paunD)* . . . . libra	
practice *(preak-tIs)* . . . . práctica, practique	
precious *(presh-es)* . . . . precioso	
precise *(pri-sais)* . . . . preciso	
prepare *(pre-per)* . . . . preparar	
preposition *(prep-a-zIsh-en)* . . . . preposición	
present *(prez-ent)* . . . . presente	
pretty *(prIt-i)* . . . . bonito	
price *(prais)* . . . . precio	
problem *(prab-lem)* . . . . problema	
product *(praD-ekt)* . . . . producto	
professor *(pro-fes-er)* . . . . profesor	
program *(pro-gream)* . . . . programa	
prohibited *(pro-jIb-I-tID)* . . . . prohibido	
promise *(pram-Is)* . . . . promesa	
prompt *(pramt)* . . . . pronto, puntual	
pronunciation *(pro-nan-si-ei-shen)* . . . . pronunciación	
Protestant *(prat-Is-tent)* . . . . protestante	
public *(pab-lIk)* . . . . público	
Puerto Rico *(puer-to)(ri-ko)* . . . . Puerto Rico	
pull *(pal)* . . . . tire/jale	
purple *(pur-pol)* . . . . púrpura	
push *(pash)* . . . . empuje	

Q

quarter *(kuor-ter)* . . . . cuarto	
quarter *(kuor-ter)* . . . . veinte y cinco centavos	
quarter to *(kuor-ter)(tu)* . . . . menos un cuarto	
question *(kues-chen)* . . . . pregunta	

R

radio *(rei-Di-o)* . . . . radio	
raincoat *(rein-kot)* . . . . impermeable	
rains *(reinz)* . . . . llueve	
rapid *(rea-pID)* . . . . rápido	
rare *(rer)* . . . . raro	
razor *(rei-zor)* . . . . navaja de afeitar	
read *(riD)* . . . . lea/leer	
reason *(ri-zen)* . . . . razón	
receipt *(rI-sit)* . . . . recibo	
recipe *(res-e-pi)* . . . . receta	
red *(reD)* . . . . rojo	
refrigerator *(rI-frIJ-a-rei-tur)* . . . . . . refrigerador	
region *(ri-Jen)* . . . . región	
regular *(reg-yu-lar)* . . . . regular	
relatives *(rel-a-tIvz)* . . . . parientes	
religion *(ri-lIJ-en)* . . . . religión	
rental car *(ren-tol)(kar)* . . . . carro de alquiler	
repair *(ri-per)* . . . . reparación	
repeat *(ri-pit)* . . . . repita/repetir	
reservation *(rez-er-vei-shen)* . . . . reservación	
reserve *(ri-serv)* . . . . reservar	
residence *(rez-e-Dens)* . . . . residencia	
respect *(rI-spekt)* . . . . respeto	
rest *(rest)* . . . . resto	
restaurant *(res-ta-rant)* . . . . restaurante	
restrooms *(rest-rumz)* . . . . los servicios	
returns *(ri-turnz)* . . . . regresa	
rich *(rIch)* . . . . rico	
right *(rait)* . . . . derecha	
road *(roD)* . . . . camino	
roasted *(ro-steD)* . . . . asado	
room *(rum)* . . . . cuarto	
rose *(roz)* . . . . rosa	
round trip *(raunD)(trIp)* . . . . ida y vuelta	
route *(raut)* . . . . ruta	

S

sack *(seak)* . . . . saco	
salad *(seal-eD)* . . . . ensalada	
salary *(seal-e-ri)* . . . . salario	
salmon *(sam-en)* . . . . salmón	
salt *(salt)* . . . . sal	
sandals *(sean-Dolz)* . . . . sandalias	
sandwiches *(seanD-ui-chez)* . . . . . emparedados, sándwiches	
sandwich shop *(seanD-uich)(shap)*	
. . . . restaurante con sándwichs	
sardine *(sar-Din)* . . . . sardina	
Saturday *(sea-ter-Dei)* . . . . sábado	
sauce *(sas)* . . . . salsa	
say *(sei)* . . . . decir	
school *(skul)* . . . . escuela	
Scotland *(skat-lenD)* . . . . Escocia	
season *(si-zen)* . . . . estación	
seat *(sit)* . . . . asiento	
seated *(si-tID)* . . . . sentado	
second *(sek-enD)* . . . . segunda	
secretary *(sek-ra-ter-i)* . . . . secretaria	
section *(sek-shen)* . . . . sección	
see *(si)* . . . . ver	
selection *(sI-lek-shen)* . . . . selección	
sell *(sel)* . . . . vender	
send *(senD)* . . . . mandar	
September *(sep-tem-ber)* . . . . septiembre	
service *(ser-vIs)* . . . . servicio	
serviette *(ser-vi-et)* . . . . servilleta	
seven *(se-ven)* . . . . siete	

seventeen (se-ven-tin)	diecisiete
seventy (se-ven-ti)	setenta
she (shi)	ella
shirt (shert)	camisa
shoes (shuz)	zapatos
shopping centers (shap-Ing)(sen-terz)	centros comerciales
shops (shaps)	tiendas
short (short)	corto
shorts (shorts)	pantalones cortos
should (shuD)	debe
show (sho)	mostrar
shower (shau-er)	ducha
sick (sIk)	enfermo
side orders (saiD)(or-Derz)	órdenes extras
signal (sIg-nol)	señal
signature (sIg-na-chur)	firma
silence (sai-lens)	silencio
silver (sIl-ver)	plata
similarities (sIm-a-ler-a-tiz)	similitudes
sincere (sIn-sIr)	sincero
sink (sInk)	lavabo
sister (sIs-ter)	hermana
six (sIks)	seis
sixteen (sIks-tin)	dieciseís
sixty (sIks-ti)	sesenta
size (saiz)	talla
skirt (skert)	falda
sleep (slip)	dormir
slip (slIp)	enagua/fuste
slippers (slIp-erz)	zapatillas
slow/slowly (slo)/(slo-li)	despacio
small (smal)	pequeño
smoking section (smok-Ing)(sek-shen)	sección de fumar
snows (snoz)	nieva
soap (sop)	jabón
socks (saks)	calcetines
sofa (so-fa)	sofá
some (sam)	unos, unas, algunos
son (san)	hijo
sorry (sar-i)	siento
soup (sup)	sopa
south (saud)	sur
South Africa (saud)(af-ra-ka)	África del Sur
South America (saud)(a-mer-a-ka)	América del Sur
South American (saud)(a-mer-a-ken)	Sudamericano
South Pole (saud)(pol)	Polo Sur
souvenirs (su-ve-nIrz)	recuerdos
Spain (spein)	España
Spanish (spean-Ish)	español
speak (spik)	hablar
speed limit (spiD)(lIm-It)	límite de velocidad
spoon (spun)	cuchara
sporting goods (sport-Ing)(guDz)	artículos deportivos
spring (sprIng)	primavera
stadium (stei-Di-am)	estadio
stamp (steamp)	sello/timbre
state (steit)	estado
station (stei-shen)	estación
statue (stea-tiu)	estatua
stay (stei)	quedarse
steak (steik)	bistec
stop (stap)	pare/parada
stores (stors)	almacenes
stove (stov)	estufa
straight ahead (streit)(a-jeD)	derecho
street (strit)	calle
study (staD-i)	estudio

stuffed (stafD)	relleno
subway (sab-uei)	metro
suit (sut)	traje
suitcase (sut-keis)	maleta
summer (sam-er)	verano
Sunday (san-Dei)	domingo
sunglasses (san-glea-sez)	anteojos/gafas de sol
supermarket (su-per-mar-ket)	supermercado
sure (shur)	seguro
surprize (sur-praiz)	sorpresa
sweater (suet-er)	suéter
swimsuit (suIm-sut)	traje de baño

T

T-shirt (ti-shert)	camiseta
table (tei-bol)	mesa
takes (teiks)	toma/tomar
tall (tal)	alto
tavern (teav-ern)	taberna
tax (taks)	impuesto
taxi (teak-si)	taxi
taxi driver (teak-si)(Drai-ver)	taxista
tea (ti)	té
teatime (ti-taim)	hora del té
telegram (tel-e-gream)	telegrama
telegraph (tel-e-greaf)	telégrafo
telegraph office (tel-e-greaf)(af-Is)	oficina telegráfica
telephone (tel-e-fon)	teléfono
telephone (tel-e-fon)	llamar por teléfono
telephone book (tel-e-fon)(buk)	guía telefónica
telephone booth (tel-e-fon)(bud)	cabina
television (tel-e-vI-shen)	televisión
temperature (tem-pra-chur)	temperatura
ten (ten)	diez
tennis (ten-Is)	tenis
tennis shoes (ten-Is)(shuz)	zapatos de tenis
terrace (ter-Is)	terraza
thank you (deank)(yu)	gracias
that (deat)	ése/eso
the (di)	el, la, los, las
theater (di-ei-ter)	teatro
their (der)	sus
then (den)	luego
there (der)	allí
thermometer (der-mam-a-ter)	termómetro
these (diz)	estos
they (dei)	ellos, ellas
things (dIngz)	cosas
thirsty (ders-ti)	con sed
thirteen (dur-tin)	trece
thirty (dur-ti)	treinta
this (dIs)	este
thousand (dau-zenD)	mil
three (dri)	tres
Thursday (durz-Dei)	jueves
ticket (tIk-et)	billete, boleto
tie (tai)	corbata
time (taim)	hora, tiempo
tip (tIp)	propina
tired (tairD)	cansado
to (tu)	a
toast (tost)	pan tostado
tobacco shop (to-beak-o)(shap)	tabaquería
today (tu-Dei)	hoy
toilet (toi-let)	excusado
token (to-ken)	ficha de metal
tomato (ta-mei-to)	tomate

tomorrow (tu-mar-o)	mañana
tonight (tu-nait)	esta noche
toothbrush (tud-brash)	cepillo de dientes
toothpaste (tud-peist)	pasta dentífrica
total (to-tal)	total
tourist (tur-Ist)	turista
towels (tau-elz)	toallas
tower (tau-er)	torre
traffic (treaf-Ik)	tráfico
traffic signals (treaf-Ik)(sIg-nolz)	señales de tráfico
train (trein)	tren
train station (trein)(stei-shen)	estación de tren
transportation (treans-por-tei-shen)	transporte
trash can (treash)(kean)	cesto para papeles
travel (treav-ol)	viajar
travel agency (treav-ol)(ei-Jen-si)	agencia de viajes
travel agent (treav-ol)(ei-Jent)	agente de viajes
traveler (treav-ol-er)	viajero
traveler's checks (treav-ol-erz)(cheks)	cheques viajeros
trip (trIp)	viaje
trousers (trau-serz)	pantalones
Tuesday (tuz-Dei)	martes
tulip (tu-lIp)	tulipán
tunnel (tan-el)	túnel
turn (turn)	de vuelta
twelve (twelv)	doce
twenty (twen-ti)	veinte
two (tu)	dos
typical (tIp-a-kol)	típico

U

umbrella (am-brel-la)	paraguas
uncle (an-kol)	tío
under (an-Der)	debajo de
underpants (an-Der-peants)	calzoncillos
undershirt (an-Der-shert)	camiseta
understand (an-Der-steanD)	comprender
union (yun-yen)	unión
unit (yu-nIt)	unidad
United States (yu-nai-tID)(steits)	Estados Unidos
university (yu-ne-ver-se-ti)	universidad
upstairs (ap-sterz)	arriba
use (yuz)	usar
used (yuzD)	usado
utensil (yu-ten-sol)	utensilio

V

vacancy (vei-ken-si)	vacante
vacation (vei-kei-shen)	vacaciones
valid (veal-ID)	válido
valley (veal-i)	valle
value (veal-yu)	valor
vanilla (va-nIl-a)	vainilla
variety (va-rai-e-ti)	variedad
various (ver-i-as)	varios
vast (veast)	vasto
veal (vil)	ternera
vegetables (veJ-ta-bolz)	verduras/legumbres
vegetable seller (veJ-ta-bol)(sel-er)	verdulería
vehicle (vi-a-kol)	vehículo
venison (ven-e-zen)	venado
verb (vurb)	verbo
version (ver-zhen)	versión
very (ver-i)	muy
viewpoint (viu-point)	punto de vista
vinegar (vIn-a-ger)	vinagre
violet (vai-let)	violeta

violin (vai-a-lIn)	violín
Virgin Islands (vIr-Jen)(ai-lenDs)	Islas Vírgenes
Visa (vi-za)	visa
visit (vIz-It)	visitar
vitamin (vai-ta-mIn)	vitamina
vocabulary (vo-keab-yu-ler-i)	vocabulario
voice (vois)	voz
volume (val-yum)	volumen

W

waiter (uei-ter)	mesero/camarero
wait for (ueit)(for)	esperar
waiting room (ueit-Ing)(rum)	sala de espera
waitress (uei-tres)	camarera
Wales (weils)	País de Gales
wallet (ual-et)	billetera
want (uant)	querer
was (uaz)	fue/era
wash (uash)	lavar
water (ua-ter)	agua
wax (uaks)	cera
we (ui)	nosotros
we would like (ui)(wuD)(laik)	nosotros quisiéramos
weather (ued-er)	clima/tiempo
Wednesday (uenz-Dei)	miércoles
week (uik)	semana
west (uest)	oeste
West Coast (uest)(kost)	coste del oeste
what (uat)	qué
when (uen)	cuándo
where (uer)	dónde
white (uait)	blanco
who (ju)	quién
why (uai)	por qué
window (uIn-Do)	ventana
window seat (uIn-Do)(sit)	asiento cerca de la ventana
windy (uin-Di)	viento
wine (uain)	vino
wine glass (uain)(gleas)	vaso para vino
winter (uin-ter)	invierno
with (uid)	con
woman (wum-an)	mujer
women (wIm-en)	mujeres
word (uorD)	palabra
would like (wuD)(laik)	querer
write (rait)	escribe/escribir
wrong way (rang)(uei)	camino erróneo

Y

yacht (yat)	yate
yard (yarD)	yarda
year (yIr)	año
yellow (yel-o)	amarillo
yes (yes)	sí
yesterday (yes-ter-Dei)	ayer
yield (yilD)	ceder el paso
you (yu)	usted, tú, vosotros, ustedes
young (yang)	joven
your (yor)	su/tu
you're welcome (yor)(uel-kam)	de nada

Z

zebra (zi-bra)	cebra
zero (zIr-o)	cero
zip code (zIp)(koD)	código postal
zoo (zu)	jardín zoológico

Esta guía de bebidas tiene el objeto de explicar la irresistible variedad de bebidas disponibles que usted encontrará durante su estadia en los Estados Unidos o Inglaterra. Por supuesto no es completa. Algunas cosas no las mencionamos para que usted las experimente, pero esto le ayudará muchísimo.

HOT DRINKS (bebidas calientes)

coffee	café
coffee with milk	café con leche
espresso	café corto
capuccino	café cortado
hot chocolate	chocolate con leche

tea	té
tea with milk	té con leche
tea with lemon	té con limón

COLD DRINKS (bebidas frías)

milk	leche
milk shake	batido
cola	cola
lemonade	limonada
juice	jugo
orange juice	jugo de naranja
tomato juice	jugo de tomate
grapefruit juice	jugo de toronja/ pomelo
water	agua
mineral water	agua mineral
tonic water	agua tónica
club soda	agua gaseosa
cider	sidra

WINES (vinos)

En restaurantes, usted puede obtener **wine** en un vaso o en una garrafa.

red wine	vino tinto
white wine	vino blanco
sparkling wine	vino espumoso
rosé	rosado
sherry	jerez
port	oporto
champagne	champaña
vermouth	vermut
dry wine	vino seco
sweet wine	vino dulce

BEER (cervezas)

Hay muchas clases. **Beer** generalmente es envasada en botellas, o también se puede obtener en barriles.

En los Estados Unidos	En Inglaterra
*Budweiser	*Guinness
*Hamm's	*Fullers
*Coors	*Bass
*Pabst	*Courage
*Miller's	*Whitbread's
*Michelob	*Mackeson Stout

ALCOHOLIC DRINKS (bebidas alcohólicas)

gin	ginebra
vodka	vodka
whisky	whisky
scotch	whisky escocés
bourbon	whisky borbón
rum	ron
cognac	coñac
aperitif	aperitivo
liquer	licor

Menu
carta

Breakfast? Lunch? Dinner?

fried	frito
baked	al horno
steamed	cocido al vapor
grilled	a la parrilla
broiled	a la plancha
breaded	empanado
roasted	asado
rare	medio crudo
medium	en su punto/término medio
well-done	bien cocido

What do I need?

butter	mantequilla
margarine	margarina
jam	mermelada
honey	miel
peanut butter	crema de cacahuete/maní
salt	sal
pepper	pimienta
oil	aceite
vinegar	vinagre
mayonnaise	mayonesa
mustard	mostaza
ketchup	salsa de tomate
cheese	queso
dessert	postre
cake	pastel/torta
pie	pastel/tarta/pay
ice cream	helado
whipped cream	crema batida

Fruit (fruta)

apple	manzana
pear	pera
apricot	albaricoque
peach	durazno/melocotón
banana	plátano
orange	naranja
cherries	cerezas
plum	ciruela
grapefruit	toronja/pomelo
grapes	uvas
lemon	limón
lime	lima/limón
pineapple	piña
melon	melón
watermelon	sandía
strawberries	fresas/frutillas
raspberries	frambuesas
tangerine	mandarina
dates	dátiles
figs	higos

Enjoy your meal
(en-joi) (yor) (mil)
buen provecho

Salads (ensaladas)

lettuce salad	ensalada de lechuga
mixed salad	ensalada mixta
spinach salad	ensalada de espinacas
potato salad	ensalada de papas
cucumber salad	ensalada de pepinos
chicken salad	ensalada de pollo
fruit salad	ensalada de fruta

Bread and Pasta (pan y pasta)

bread	pan
roll	panecillo
wholewheat bread	pan de trigo
rye bread	pan moreno/de centeno
rice	arroz
noodles	tallarines/fideos
spaghetti	espaguetis/fideos

Vegetables (legumbres/verduras)

peas	guisantes/arvejas
asparagus	espárragos
artichoke	alcachofa
carrots	zanahorias
celery	apio
cabbage	col/repollo
spinach	espinacas
mushrooms	champiñones/hongos
cauliflower	coliflor
corn	maíz
lettuce	lechuga
onions	cebollas
garlic	ajo
radishes	rábanos
cucumber	pepino/cohombro
beets	remolachas
lentils	lentejas

Potatoes (patatas/papas)

boiled potatoes	patatas/papas cocidas
baked potatoes	patatas/papas al horno
mashed potatoes	puré de patatas/papas
French-fried potatoes	patatas/papas fritas

Appetizers (entremeses)

shrimp cocktail	cóctel de camarones
crabmeat cocktail	cóctel de cangrejo
seafood cocktail	cóctel de mariscos
oysters	ostras
clams	almejas
cold cuts	fiambres
stuffed mushrooms	champiñones rellenos
raw vegetables	legumbres/verduras crudas

Soups (sopas)

vegetable soup	sopa de legumbres
onion soup	sopa de cebollas
mushroom soup	sopa de champiñones
bean soup	sopa de porotos/frijoles
potato soup	sopa de patatas/papas
pea soup	sopa de arvejas
seafood soup	sopa de mariscos
cheese soup	sopa de queso
noodle soup	sopa de fideos
stew	estofado

Eggs (huevos)

hard-boiled eggs	huevos duros
soft-boiled eggs	huevos pasados por agua
fried eggs	huevos fritos
scrambled eggs	huevos revueltos
poached eggs	huevos escalfados
deviled eggs	huevos a la rusa
omelette	tortilla de huevos
souffle	suflé
egg salad	ensalada de huevos

Sandwiches (emparedados)

hamburger	hamburguesa
cheeseburger	hamburguesa con queso
ham-and-cheese sandwich	emparedado de jamón y queso

Meat (carne)

bacon, lettuce and tomato sandwich	emparedado de tocino, lechuga y tomate
grilled cheese sandwich	emparedado con queso caliente
Reuben sandwich	emparedado de carne de vaca curada en salmuera, queso y chucruta
club sandwich	emparedado de pavo, pollo, jamón, lechuga y tomate
spareribs	costillas de cerdo
ham	jamón
bacon	tocino
sausage	salchicha
salami	salchichón/salami
baloney	mortadela

Beef (vaca)

steak	bistec
rib steak	entrecote
filet	filete
filet mignon	lomo fino
sirloin	solomillo
tenderloin	tournedos
broiled steak	bistec asado
steak and lobster	bistec y langosta
roast beef	rosbif/asado de carne
prime rib	chuleta de res
hamburger	hamburguesa
meatballs	albóndigas
meatloaf	salpicón

Veal (ternera)

veal steak	bistec de ternera
veal cutlet	escalope de ternera
veal chops	chuletas de ternera
roast veal	ternera asada
stuffed breast of veal	pecho de ternera relleno
veal parmigiano	ternera con queso y tomates
veal scaloppine	ternera con champiñones y queso

Pork (cerdo)

pork chops	chuletas de cerdo
pork loin	lomo de cerdo
stuffed pork loin	lomo relleno
pork tenderloin	filete de cerdo
roast pork	asado de cerdo

Lamb (cordero)

lamb chops	chuletas de cordero
lag of lamb	pierna de cordero
roast lamb	cordero asado
shish kebab	brochetas de filete

Poultry and Game (aves y caza)

chicken	pollo
duck	pato
turkey	pavo
pheasant	faisán
partridge	perdiz
quail	codorniz
rabbit	conejo
hare	liebre
venison	venado

Seafood (pescado y mariscos)

salmon	salmón
trout	trucha
sole	lenguado
cod	bacalao
flounder	platija
herring	arenque
halibut	halibut/corvina
snapper	pargo
tuna	atún
crab	cangrejo
lobster	langosta
prawns	gambas/langostinos
shrimp	camarones
oysters	ostras
mussels	mejillones
squid	calamares

DOBLE AQUÍ

(ai)
I

(ji)
he

(shi)
she

(ui)
we

(yu)
you

(dei)
they

(or-Der)
order

(bai)
buy

(lern)
learn

(ri-pit)
repeat

(an-Der-steanD)
understand

(spik)
speak

él	yo
nosotros	ella
ellos/ellas	usted
comprar	ordenar
repetir	aprender
hablar	comprender

(go)
go

(kam)
come

(si)
see

(lIv)
live

(ueit) *(for)*
wait for

(stei)
stay

(it)
eat

(DrInk)
drink

(ai) *(wuD)* *(laik)*
I would like . . .

(niD)
need

(mai) *(neim)* *(Iz)*
my name is . . .

(ai) *(jeav)*
I have . . .

venir	ir
vivir	ver
quedarse	esperar
beber	comer
necesitar	yo quisiera ...
yo tengo ...	me llamo ...

(sel)
sell

(senD)
send

(slip)
sleep

(fainD)
find

(sei)
say

(rait)
write

(sho)
show

(pei)
pay

(no)
know

(kean)
can

(riD)
read

(treav-ol)
travel

mandar	vender
encontrar	dormir
escribir	decir
pagar	mostrar
poder	saber
viajar	leer

(jeav) *(tu)* *(mast)*
have to/ must

(liv)
leave

(meik)
make

(cheinJ)
change

(flai)
fly

(a-raiv)
arrive

(Draiv)
drive

(peak)
pack

(gIv) *(mi)*
give me . . .

(tel-e-fon) *(fon)*
telephone/phone

(uash)
wash

(least)
last

salir	tener que
cambiar	hacer
llegar	volar
empacar	manejar
llamar por teléfono	Dame . . .
durar	lavar

(jau)   *(ar)*   *(yu)*
How are you?

(guD-bai)
goodbye

(pliz)
please

(eks-kiuz)   *(mi)*
excuse me

(deank)   *(yu)*
thank you

(tu-Dei)
today

(tu-mar-o)
tomorrow

(yes-ter-Dei)
yesterday

(jau)   *(mach)*   *(Daz)*   *(dIs)*   *(kast)*
How much does this cost?

(Du)   *(yu)*   *(jeav)*
Do you have . . . .?

(o-pen)   *(klozd)*
open - closed

(bIg)   *(smal)*
big - small

adiós	¿Cómo está usted?
perdóneme	por favor
hoy	gracias
ayer	mañana
¿Tiene usted . . .?	¿Cuánto cuesta esto?
grande - pequeño	abierto - cerrado

(jel-di) *(sIk)*
healthy - sick

(guD) *(beaD)*
good - bad

(jat) *(kolD)*
hot - cold

(short) *(lang)*
short - long

(tal) *(short)*
tall - short

(a-bav) *(bi-lo)*
above - below

(left) *(rait)*
left - right

(slo) *(feast)*
slow - fast

(olD) *(yang)*
old - young

(eks-pen-sIv) *(In-eks-pen-sIv)*
expensive - inexpensive

(rIch) *(por)*
rich - poor

(ei) *(lat)* *(ei)* *(lI-tel)*
a lot - a little

bueno - malo	sano - enfermo
corto - largo	caliente - frío
arriba - abajo	alto - corto
despacio - rápido	izquierda - derecha
caro - barato	viejo - joven
mucho - poco	rico - pobre

Formulario de Órdenes

Corte este formulario y mándelo con su payo a:

Bilingual Books, Inc. • 1719 West Nickerson Street
Seattle, WA 98119 USA

10 minutes a day® Series			
Título	Ctd.	Precio por libro	Total
Chinese		US $17.95	
French		US $17.95	
German		US $17.95	
Hebrew		US $17.95	
Inglés		US $17.95	
Italian		US $17.95	
Japanese		US $17.95	
Norwegian		US $17.95	
Portuguese		US $17.95	
Russian		US $19.95	
Spanish		US $17.95	
Language Map™ Series			
Título	Ctd.	Precio por mapa	Total
Chinese		US $7.95	
French		US $7.95	
German		US $7.95	
Hawaiian		US $7.95	
Hebrew		US $7.95	
Inglés		US $7.95	
Italian		US $7.95	
Japanese		US $7.95	
Norwegian		US $7.95	
Portuguese		US $7.95	
Russian		US $7.95	
Spanish		US $7.95	

* COBRO DE ENVÍO
(todos los precios son en dólares americanos)

En los Estados Unidos agregue $5 para el primer libro y $2 para el primer Mapa del Lenguaje™. Para cada artículo adicional agregue $1.

Para órdenes internacionales agregue $9 para el primer libro y $5 para cada libro adicional, y así cubriremos el cobro postal aéreo. Agregue $4 para el primer Mapa del Lenguaje™ y $2 para cada mapa adicional.

Subtotal	$	
* Cobro de envío - Libros	+	
* Cobro de envío - Mapas	+	
Resideñtes de WA, anada impuesto	+	
ORDEN TOTAL	$	

Por favor marque:

❑ Cobre el costo de mi pedido a mi tarjeta de crédito
  ❑ Visa   ❑ MC
  Número _____
  Fecha de expiración _____
  Firma _____

❑ Mi cheque por $ _____ está incluído en mi orden.
  Nombre _____
  Dirección _____
  Ciudad _____ Estado _____
  Código postal _____
  Número de teléfono (_____) _____ **133**

Ahora que ha terminado . . .

¡Lo ha logrado!

Ha completado todos los pasos, usado sus auto- adhesivos, aprendido sus tarjetas, cortado su menú, y puesto su Compañero de Bolsillo™ en su bolsillo. ¿Se da cuenta de cuánto ha aprendido? Usted ha logrado aprender lo que tomaría varios años en una clase tradicional.

Ahora usted puede cómodamente

- – hacer preguntas,
- – entender direcciones,
- – hacer reservaciones,
- – ordenar comida y
- – hacer compras en cualquier lugar.

¡Y lo puede hacer todo en un lenguaje extranjero! Ahora puede ir a cualquier sitio, desde una ciudad cosmopólita hasta un pueblo pequeño y retirado en donde la gente sólo habla inglés. Sus experiencias serán muchísimo más divertidas y con menos preocupaciones ahora que habla el lenguaje y sabe algo de la cultura.

Sí, aprender un idioma puede ser divertido.

Kris Kershul

Kristine Kershul